ワードマップ

コミュニケーション・スタディーズ

アイデンティティとフェイスからみた景色

末田清子

新曜社

はじめに

――アイデンティティとフェイスから眺めるコミュニケーションの景色

コミュニケーション・スタディーズは、私が「私であること」を形づくるプロセスのすべてであり、それに係る諸理論は私たちの日常生活に適用しうるものです。そしてまた日常から私たちのコミュニケーションのありようが見えてきます。

私はこれまでかなりの時間をフェイス（日本では「面子」あるいは「体面」ということばが理解しやすい）とアイデンティティ（自分が何者であるかを示すものの総和で、自分を他者から区別するもの）がコミュニケーションにどのように関わるかについて探究するために費やしてきました。そもそも私がフェイスというテーマや、その接点としてのアイデンティティに辿り着いたのは大学院時代の日常の一コマです。ある授業で先生が指定した論文集のなかの一本を選びレポートするという課題がありました。他の学生たちはすぐに論文を選んだのですが、あれこれ考えているうちにすっかり出遅れた私は、最後に残っていた論文のレポーターになりました。それが、たまたまフェイスに関する論文だったというわけです。そのときはまさかそれが修士論文のテーマへと発展し、その後数十年もお付き合いすることになるとは思いませんでした。偶発性を受け入れた結果、私にとっては必然的な研究テーマになりました。

そして札幌の私立大学から現在の私立大学に異動し、私はそれまでの教育環境からかなり違った環境に身を置くようになりました。たくさんの「帰国子女」（とカテゴライズされる学生たち）との出会いのなかで、「帰国子女」が多様であることに気づいたのです。「帰国子女であること」を言おうとしない学生、積極的に表明する学生、「帰国子女であること」は本人にとって大切な一部ではあるとしても、それを取り立てて言うほどのことではないとする学生もいました。言おうとしない学生のなかには、海外滞在中か帰国後に辛い経験をした人がいて、その辛い経験からくるシェイム（遺憾な気持ち）が払拭されていないことが多いこともわかりました。しかし、どんなにシェイムを感じても直接向き合い払拭した場合は、「帰国子女」というアイデンティティを一層強固にした学生もいるのです。

帰国子女に限らず、私たちがどのように名乗るか、どのように自分を表現するかは、アイデンティティのもち方に関わり、そのアイデンティティのもち方はフェイスが脅威にさらされているか、脅威にさらされたときにシェイムを払拭したか、迂回されて蓄積されてしまったかどうかに関わります。たとえば、自分が国際児として自尊心をもてなければ、自分が国際児であることは他人に言わないでしょう。また、国際児イコール英語ができるというようなイメージで周りからとらえられるとき、英語の試験で点数が悪かったときは周りに対してフェイスが脅威にさらされることになりかねません。フェイスはサーモスタットのように働いて「事の重大さ」を知らせてくれますが、そのおかげでアイデンティティ自体は破壊されることはあまりないのです。つまり、フェイスはアイデンティティとは切っても切れないものだと思えます。

フェイスやアイデンティティから日常のコミュニケーションを眺めると、いろいろな景色が見えてきます。教室で「褒める」、「注意する」なども、フェイス、そしてアイデンティティに強く結びついています。何を異文化コミュニケーションと見なすかはどのようなアイデンティティをコミュニケーターがもっているか、そしてそれがどのように顕在化するかに関わります。何を買うかはその人らしさをつくるでしょうし、国産品に拘るかそうでもないかという購買行動もその人らしさを形づくるのです。なぜ大阪の友人と話すと話し方がうつるのに、それ以外の地域の出身者のことばはあまりうつらないのでしょうか？　女性管理職者のコミュニケーションスタイルにはどのような特徴があるのでしょうか？　犯罪者の更生にどのようなコミュニケーションが必要とされるのでしょうか？　ネイティブ・アメリカンはどのようにシェイムを払拭し、コンフリクトを解決するのでしょうか？　このようなことのすべてが、フェイスやアイデンティティに結びついているのです。

この原稿を書いている最中に、新型コロナウィルス感染症が拡大しました。その前年の12月に勤務先で要職に就くことが決まり、私はダブルパンチを受けました。原稿を書く時間がまったくなくなってしまったのです。これまで当たり前として実施してきた授業もオンライン化されました。「オンライン」の「オ」の字もできなかった私は、一気にオンラインの海に放り出され、必死にもがきました。ですが、この経験が予期せぬうちに、サイバー上のコミュニケーションについてのいろいろな学びへと導いたのです。これまで「質問はありますか？」と尋ねて皆の前で質問する学生は希少でした。なぜなら、そこには能力フェイスが横たわっているからです。大勢の前で場違いな質問はしたくない、的外れな質問は自分の評価にも関わるという心配も出てくるのでしょう。ところが、オンラインではおのずとチャットでの質問やコメントが増えてきました。チャットで合いの手を入れてくれるような感じになり、その反応に反応するというサイクルも生まれてきました。ユーザーネームは見えますが、多数のなかで学生を特定するのは難しいことです。ですが、その状況では匿名性も手伝い、気軽に質問するのでしょう。また、間違っても、とくにフェイスのダメージは受けなくて済むのです。

また、オンライン授業でのほうが、パフォーマンスが良いとしている同僚もいます。おそらくそれは、隣に友だちがいないので、学生たちも授業の内容に集中できるし、話しかけられることも、話しかけることもないからではないでしょうか。対面授業で隣の学生に話しかけられて、無視するのに抵抗を感じることがあるのは、隣の学生を無視すると、自分の親和フェイス（付き合いやすい人と思われること）が脅威にさらされるからでしょう。オンライン授業はその心配がないのだと考えられます。そんなおもしろさに改めて気づくと、このテーマから離れるのが余計に難しくなってしまいます。

このように、私は授業や日頃のコミュニケーションのなかで多くを学ばせていただきました。そして、私が本務校の大学院で指導させていただいた方々の論文や、学部生の論文やプロジェクト等の成果も本書では紹介させていただいています。多くの皆様にアイデンティティとフェイスから見えるコミュニケーションの景色を見ていただき、日常生活にすこしでもお役立ていただければ幸いです。

本書の出版にあたり、新曜社の塩浦暲社長ならびに編集者の方々には、脱稿が遅れ大変ご迷惑をおかけ致しました。にもかかわらず、多大なご理解とご支援を賜りました。厚く御礼申し上げます。最後に、私が私であることを常に尊重してきてくれた家族に心から感謝の意を表したいと思います。

２０２１年８月16日

末田清子

コミュニケーション・スタディーズ――目次

2 アイデンティティとコミュニケーション
――切っても切り離せない仲

3　アイデンティティの顕在化・潜在化
――アイデンティティはいつどのように顕かになるのか？目立たなくなるのか？

4　コミュニケーション調整
――私たちはどのようにコミュニケーションを調整するのか？

5　フェイスとは何か?
――日常生活のなかのアイデンティティ

6　コンフリクトの背後に何があるか？
――見え隠れするフェイス

装幀=加藤光太郎

1　コミュニケーションとは何か？
――シンボルを構築し、共有し、再構築するプロセス

コミュニケーション（communication）、コミュニティ（community）、コミュニオン（communion）等の頭についている“com”という接頭辞は、「ともに」あるいは「一緒に」を意味する。コミュニケーション（communication）ということばの由来を見てみると、共通項を意味するラテン語のcommunisであることがわかる。[1] コミュニケーションの定義は無数に存在し、コミュニケーションとはどのようなものであるかを示すモデル（プロセスや、構造や機能を抽象的に表したもの）[2] もさまざまなものがある。[3]

本章では、コミュニケーションの語源とも重なる「ともに」や「共通項」がキーワードとなるシンボリック相互作用論（symbolic interactionism）の視点からコミュニケーションを論じる。まずシンボリック相互作用論の中核をなすものとして挙げられるのがシンボル（symbol）である。つまり、シンボリック相互作用論的視点から見ると、コミュニケーションとは、それに関わる当事者がシンボルを構築し、その意味を共有し、そして再構築していくプロセスであると言えよう。

［1］　岡部朗一（1991）『異文化を読む』（第2刷）南雲堂 p. 18. を参照。

［2］　Trenholm, S.（2014）*Thinking through communication* (7th ed.). Harlow, UK: Pearson. “A model is an abstract representation of a process, a description of its structure or function.”（p. 23）とある。

［3］　末田清子・福田浩子（2011）『コミュニケーション学：その展望と視点 増補版』松柏社の3章においては、Fisher, B. A. (1978) *Perspectives on human communication*. New York: Macmillan. および Trenholm, S. (1986) *Human communication theory*. Englewood Cliffs, NJ: Prentice-Hall. を参照し、機械論的モデル、心理学的モデル、シンボリック相互作用論的モデル、およびシステム論的モデルの四つの視点について解説している。本章は、四つのうちの後者二つのモデルと重なる部分がある。

1-1

シンボル

——恣意的かつ慣習化されているしるし

■シンボルとは何か

そもそもシンボルとは何だろうか? シンボルは、クーリー[1]やミード[2]などのアメリカ合衆国(以降、本文および註でアメリカと記す)のシカゴ学派の社会学者たちの考え方を素地とし、ブルーマー[3]によって体系化されたシンボリック相互作用論(symbolic interactionism)の中核をなすものである。

シンボルとは、「恣意的かつ慣習化されているしるし[4]」である。たとえば、赤い果物で、毒の入ったその食べ物を食べたために白雪姫が眠りについた果物を何と呼ぶだろうか? その果物を「りんご」と私たちは呼ぶが、「りんご」ということばでなければならないという必然性はない。ある日、この果物を「りんご」ではなく「ごりん」と呼ぶとして、それが共有されれば「ごりん」でもよいわけである。

シンボルはことばに限らない。一万円札紙幣は日本の紙幣のなかでは一番価値の高い紙幣ではあるが、その意味を共有していない人にとってはただの紙切れにしか見えず、破り捨ててしまうこともありうる。しかし、意味を共有している人が破り捨てる

[1] Cooley, C. H. アメリカの社会学者。初期アメリカ社会学の心理学的社会学派を代表する一人。１８９４年ミシガン大学を卒業。助教授、準教授を経て同大学教授となる。１９１８年アメリカ社会学会会長に就任。その主著『人間性と社会秩序』(1902)、『社会組織』(1909)において、「共感的内省」の方法により、個人主義的社会観と集団主義的社会観を調整する「社会的自我(social self)」の概念を主張、これを「鏡に映った自我(looking-glass self)」と説明した(大塩 2018 より抜粋)。

大塩俊介(2018)「クーリー Charles Horton Cooley」Japan Knowledge Lib. https://japanknowledge-com.hawking1.agulin.aoyama.ac.jp/lib/display/?lid=1001000072754(2020/09/06)

[2] Mead, G. H. アメリカの社会心理学者、哲学者。オハイオ州のカレッジを出て、鉄道会社に勤務したのち、１８８７年ハーバード大学に入学して哲学、心理学を

ことはない。

それ以外の非言語的なシンボルにも私たちは囲まれている。中学校や高等学校の制服や校章、企業の徽章などもその一例である。制服のある中学校や高等学校に通う生徒たちは、定められているから制服を着ているし、同時に○○中学校あるいは○○高等学校の生徒であることを学校内外に対して示している。

このように、シンボルを共有している者同士が共有を意識してコミュニケーションを行っていることもあるが、本人が意図しなくてもシンボルが共有されることがある。ある日筆者が仕事を終えて帰りの電車のなかで吊革に掴まると、目の前に座っている見知らぬ人が英語で「笑って…笑って…（"Smile. Smile."）」と話しかけてきた。おそらくその発音からはアメリカから来た人だったと記憶している（このこと自体、目の前に座っていた人の話す英語の音がシンボルになっていたわけだが）。なんだかおかしくなって笑ってしまうと、「…そうそう、そのほうがずっといいよ（"Yes, that is much better."）」と言った。自分の姿は鏡がなければわからないが、おそらくとても疲れた表情をしていたのだろう。口角が下がり、暗い表情は、「疲れ」を表してしまっていたのだろう。もちろん、筆者は「疲れた」表情を意図的にしたわけではないが、そのときの表情は、英語圏から来た見知らぬ人にとっては「疲れた」というシンボルとして認識されたのである。実際、筆者は疲れていたので、シンボルは共有されていたことになる。このことはエクマン[5]が、人間の基本的な感情は、顔の表情か

学んだ。88年ドイツのライプチヒに留学し、ミシガン大学の哲学と心理学の講師の席を得て91年に帰国した。そこで親しくなったJ・デューイが、94年にシカゴ大学の初代の哲学部長に就任したとき、請われて同大学に異動し、没年までシカゴ大学で教鞭をとった。生前著作がなかったが、遺稿や講義ノートをもとに4冊の著書が死後に編集・刊行された。なかでも『精神・自我・社会（*Mind, Self and Society*）』（1934）は、役割取得、客我（me）と主我（I）、一般化された他者などの概念を用いて、社会的な場での自我の形成過程を究明した。とくに1960年代以降、H・G・ブルーマーがミードの理論を〈象徴的相互作用論〉として展開するなど、ミードの影響は世界的に広がっている（稲葉 2020 より抜粋）。

稲葉三千男（2020）「ミード・G.H.」JapanKnowledge Lib. https://japanknowledge-com.hawking1.agulin.aoyama.ac.jp/lib/display/?lid=1020007374000

らある程度普遍的に判断できるとしていることからも裏付けられる。

■シンボルの創発と衰退――シンボルは創発され、共有されなくなると衰退する

このようにシンボルはとても便利なものであると同時に、ある集団の成員であることを示す証しにもなる。

「同じ釜の飯を食う」という表現を聞いたことがあるだろう。『故事ことわざ辞典』[6]によると、「同じ釜の飯を食う」とは「一緒に生活して苦楽をともにした親しい仲間のこと」である。生活を共にして共有する時間を重ねれば、他の人には通じない思いも共有できるだろうし、生活を共にする過程でその仲間同士でなければ通じない独自のシンボルも創発される。実際、ある学校内、大学内、部署内、企業内、業界内でしか通じないことばもある。また、ある集団やある特性をもつ人しか通じないことばがある。

「散歩する」というと何を思い浮かべるだろうか？　公園を散歩する、犬と散歩するなど、いろいろな情景が思い描かれることだろう。しかし、在日中国人留学生の間では、日本語能力試験に合格せず、もう一度挑戦することになることを、「散歩する」と表現するそうだ。[7] つまり、「一緒に散歩しましょう」と言うと、日本語能力試験に不合格であったことも、自分もまた来年も挑戦することも、説明しなくても簡単に伝わり、「私と一緒に日本語能力試験に挑戦しましょう」という意味となる。しか

(2020/09/06)

[3] Blumer, H. G.　アメリカの社会学者。シカゴ大学准教授、同教授を経て、カリフォルニア大学バークレー校教授。T・パーソンズらの構造‐機能主義に異を唱え、G・H・ミードの理論を再解釈し、〈意味〉を軸に据えて解釈的、相互作用的側面を重視する〈シンボリック相互作用論〉を提唱、質的調査法に力点をおいた。また、初期シカゴ学派の指導者R・E・パークから〈集合行動〉論も継承し、同理論の発展に影響を与えた（『岩波世界人名大辞典』2021より抜粋）。

[4] Trenholm, S. (2014) *Thinking through communication* (7th ed.). Harlow, UK: Pearson. (p.22) を参照。Trenholm は、symbols を arbitrary and conventionalized representations と表現している。

し、「散歩」＝「日本語能力試験を再受験する」という恣意的なシンボルを共有していない人にとっては、単に歩くことを示すに過ぎない。このコミュニティに新たに参入した人は、最初「散歩」という意味がわからないだろう。しかし、古参者が新参者に説明することによって、新参者にも意味が共有されることになる。あるいは、ある特定の新参者をコミュニティに入れたくないという意図があって、そのコミュニティにしか通用しないシンボルを教えないことも可能である。よって、共有されれば便利なシンボルが、排他的なものにもなりうる。

もちろん、かつて社会で共有されていたシンボルが時間の経過とともに使われなくなってしまうことにより、共有されなくなる場合がある。つまりシンボルとしての役目を果たせなくなって廃れてしまうものがある。たとえば一時期は流行語として認識されていたものが死語[8]となってしまうものもある。「もう通用しない」ことを認識せずに死語となってしまったことばを使ってしまった場合は、「時代遅れ」というレッテルを貼られかねない。

ことばのみでなく、理念や概念も一時期頻繁に使われるようになるが、その理念自体が批判されるような傾向がみられることで、徐々に使われなくなってしまうものもある。その例として、「ゆとり教育」が挙げられるだろう。鈴木[9]によれば、ゆとり教育ということばは1970年代の詰め込み教育の批判に端を発し、その後1990年代に完全週休5日制などにみられるようにピークを迎えた。当時、私たちは、ゆとり

[5] Ekman, P. (1994) Strong evidence for universals in facial expressions: A reply to Russell's mistaken critique. *Psychological Bulletin, 115*, 268-287.

[6] 『新明解故事ことわざ辞典』(2004)（第六刷）三省堂 p. 111.

[7] 青山学院大学研究科のオウルさんの2019年度コミュニケーション論の授業で提出したレポートに記載。

[8] 小林信彦（1997）『現代死語ノート』岩波新書

[9] 鈴木匡（2012）「ゆとり教育の理念に関する考察」『神奈川大学心理・教育研究論集』32, 49-53.

をもつことにより、子どもたちの「生きる力」をはぐくむよう促された。しかし、のちに学力の低下がみられるようになると、「ゆとり教育」の意義を問う議論も出てきて、現在《いま》となっては、このことばはほとんど聞かれなくなった。

コーヒーブレイク1 ――「私たち」のシンボル

皆さんの所属するグループ（部活動、ゼミ、会社等）で、そこでしか通用しないシンボルはありますか？

1-2

自己はどのように形成されるのか？

——自己は他者とのコミュニケーションを通して構築される

シンボリック相互作用論的視点から見たコミュニケーションにおいては、人がコミュニケーションのプロセスに働きかけるというよりは、コミュニケーションのプロセス、あるいは産物が人をつくるという考え方が浮かび上がる。[1] 自己は他者とのコミュニケーションのなかでのみつくられるということである。

シンボリック相互作用論では、自我を主体的に行動する主我（I）と、客観的に見られている客我（me）からとらえる。主我（I）は、自分であろうとする自分であり、個性的かつ創造的側面が重要視されている。それに対して、客我（me）は他者のように自分自身を認識し、社会的規範に従おうとする規範的な自分である。

プラサド[2]は、以下のように述べている。

> ミードによれば、個人と社会は存在論的に独立しえない、つまり、互いに分離することはできないのである。自己（複数の自己像というあり方において）は、社会構築物であり、非常に若い年齢のときから、身近な人びと（家族、近所、学校な

[1] Trenholm, S. (2014) *Thinking through communication* (7th ed.). Harlow, UK: Pearson.

[2] Prasad, P. (2005) *Crafting qualitative research: Working in the postpositivist traditions.* New York: M. E. Sharpe.〔P・プラサド／箕浦康子（監訳）浅井亜紀子（訳）(2018)『質的研究のための理論入門』（「シンボリック相互作用論」ナカニシヤ出版 pp. 16-27)〕

ど）あるいは、ミードの言う「一般化された他者」からのメッセージを通して獲得される。個人と社会の相互作用を通して、人びとは他者が自分を見るように自分を見る能力を発展させ、クーリー[3]のいう「鏡映的自己」をつくりあげる。[4]

通常私たちは、自分がどのようにコミュニケーション行動をとっているのか意識することはない。しかし、他者から自分の話し方の癖などを指摘されて、自分のコミュニケーション行動に気づいたり、変えたりすることがある。これは客我が主我を修正したことを意味する。また、親が子どもを叱る、あるいは励ますときに、主我と客我の違いが浮き彫りになる。「そんなことしちゃだめ」というのは、あることを「してはいけない」という主体的な自分を子どもに意識させることになっているが、「そんなことしてると○○ちゃんに笑われますよ」というのは、他者の目から見た自分を子どもに意識させようとする試みである。まさに、主我に対する客我である。

つまり私たちは、主体的な自己を前に出してコミュニケーション行動をとってはいるが、同時に他者の目から見たように自己を内省する力を身につけ、「一般化された他者」[5]の期待に沿ってコミュニケーション行動をとっていると考えられる。

［3］ Cooley, C. H. (1918) *Social process*. New York: Scribners.

［4］ Prasad, P. (2005)［2］の訳書 p. 17.

［5］「1-3 役割取得・役割遂行」参照。

1-3

役割取得・役割遂行

――コミュニケーションを成立させるもの

シンボリック相互作用論的視点から見たコミュニケーションのもう一つの特徴は、それがゴフマン[1]のドラマトゥルギー（dramaturgy）という考え方に基づいているということである。この考え方をマクロな視点で見ると、人は皆、自分を主人公とした劇に登場している。また、これを日常生活に照らしてみると、私たちは自分たちがもつ立場や役割に応じて、コミュニケーションをしているということである。

私たちは具体的な生活の場である家庭や学校や職場などで、誰かに「そういうことば遣いはしないほうがよい」とか、「あんな服装はしないほうがよい」など、コミュニケーション行動を注意されることがある。

注意されてコミュニケーション行動を振り返り修正することで、自分が期待されている役割を理解し、それに沿ってコミュニケーションを行う。これを、役割取得（role-taking）と呼ぶ。役割は、生活のなかで多大な影響を与える重要な他者（significant others）との関わりのなかで取得される。一方、私たちは、ある社会の典型的なメンバーである一般化された他者（generalized others）[2]の期待を理解し、その

[1] Goffman, E. (1959) *The presentation of self in everyday life.* Garden City, NJ: Anchor Books.〔石黒毅（訳）(1974)『行為と演技：日常生活における自己呈示』誠信書房〕ゴフマンはアメリカの社会学者。カナダのトロント大学卒業後、アメリカに移住し、シカゴ大学で博士号を取得。ペンシルヴェニア大学教授となる。ドラマ、儀礼、ゲーム、フレームなど多くのメタファーを駆使して、人びとの日常生活の相互作用過程の様相を鋭く描き出した。彼の研究領域は、自身が主に初期と晩期に用いた〈相互作用秩序〉の概念で言い表される（『岩波世界人名大辞典』2021より抜粋）。

[2] 重要な他者と一般化された他者については、末田清子(2013)「意味ある他者と一般化された他者」石井敏・久米昭元（編）『異文化コミュニケーション事典』春風社 p. 54 を参照。

反応を予想して、コミュニケーションするように社会化されている。もちろん、相手の期待を知りながら、期待される役割をあえて取得しないこともありうる。たとえば、誰にでもあいさつをする「良い人」でいることが窮屈になり、あえてあいさつしないことを選ぶ場合があるだろう。

皆さんはどのような役割をもっているだろうか？　学生、会社員、娘、息子、○○家の長女、長男、兄、姉、妹、アルバイトの店員、などさまざまである。たとえば筆者はこの原稿を書いている時点で、大学で教鞭をとっている。生育した家族では次女であり、現在の家族では親であり、妻でもある。通常職場では、大学教員としての役割を果たし、その役割に対応するコミュニケーションをとるように期待されている。

仕事帰りに立ち寄るスーパーマーケットでは、私は一人の顧客である。しかし、「すみません、そもそも野菜と果物はどのように違うのですか？　定義してくださ い」などとそのスーパーの店員に問い詰めたりしたら、かなり驚かれるか敬遠されるかであろう。これは明らかに顧客という役割でなく、大学教員の役割に沿ったコミュニケーション行動であるからである。

一般化された他者を想定したコミュニケーションは、相手の顔が見えないときや不特定多数の聴衆に向けられたときなどに行われる。たとえば、スポーツ選手が競技が終わったときにインタビューを受けているとしよう。結果が良かったときに、よく見られる光景としては、「応援してくださるファンの方の声援を力にしました」「チームメイトがよくがんばってくれました」などと、聴衆やファンへのサポートへの感謝や、チームメイトへの労いを口にすることが多い。もしファンへの感謝の気持ちが表現されておらず、自分の能力に対する自信のみが表出されていたとしたら、それは一般化された他者の期待に沿ったことには必ずしもならない。筆者自身も、発信するメッセージが普段目の前にしている大学生に対してではなく、小学生や、中高生、また社会人のときには、それぞれの一般化された像を思い浮かべ、その反応をいろいろ想像してメッセージを組み立てたり、書いたりする。

1-4

コミュニケーションの不成立

――シンボルが共有できないとき

これまで示してきたように、通常私たちは一般化された他者や、重要な他者から期待されている役割を演じることでコミュニケーションを行っている。しかし、かつて共有されていたシンボルが時代の流れで共有する人がいなくなってしまった場合は、コミュニケーションが成立しなくなってしまう。

また、あるシンボルの意味がコミュニケーションの当事者である二者の間で共有できていないときにコミュニケーションは不成立となる。その例として、トレンホーム[1]が提示する以下の事例を見てみよう。

【事例】

ジョーンはA社での勤務歴が30年になり、あと5年で定年退職を迎えることになっている。ジョーンが若い頃と今は、取り巻く環境がかなり変わった。たとえば、働き始めた頃は管理職に就く女性は稀であったが、最近はジョーンも女性マネージャーと働くことが増えてきた。ジョーンは自身を誰に対しても公平で、とても組み

[1] 原文はTrenholm, S. (2014) *Thinking through communication* (7th ed.). Harlow, UK: Pearson, p. 30で、筆者が訳した。

やすい人物だと思っている。「女子」が昇格するのはとても良いことだとは思っているが、彼女たちが「なんでもないこと」について、よく腹を立てることが理解できない。たとえば、ジョーンは自分の秘書を20年間そうしてきたように、親しみを込めて"Honey"と呼ぶ。しかし、入社してまもないジュディの反応がとげとげしい。

ジュディはビジネススクールを出たばかりで、キャリアを積もうと張り切っている。しかし、ジョーンが秘書に話しかけるのを聞くたびに、「恥ずかしい」と思うし、自分も貶められているような気持ちになる。また、ジョーンがまるで子どもに言って聞かせるように、秘書に一つひとつかみ砕いて指示を出しているのを聞いているだけで、ジュディは居てもたってもいられなくなる。

この事例は何を意味するのだろうか？　これは二人の経てきた文化的価値観や認知行動や、性役割観の違いから、同じことばがもつ社会的現実がまったく違っていることを示唆している。性役割とは、「男は仕事、女は家庭」などの社会生活や行動面で社会に期待される役割であり[2]、その性役割は、「男の子はメソメソ泣いてはいけない」などのコミュニケーション行動にも反映されている。そしてその性役割観の違いから、"Honey"ということばで構築された世界がジョーンとジュディの間でまったく違うことを示している。

もちろん、性役割観は時代とともに変化しており[3]、ジョーンとジュディがそれぞれ

[2]　土肥伊都子（2009）「性役割」日本社会心理学会（編）『社会心理学事典』（pp. 100-101）丸善を参照。

[3]　渡邊寛・城間益里（2019）「NHK連続テレビ小説に表れる男性役割：時代的な変遷、登場人物の年代、女性主人公との関係性による差異」『社会心理学研究』34(3), pp. 162-175. によると、NHKの連続テレビ小説の男性キャラクターは、1960、1970年代は他人に配慮する男性、1980年代には女性主人公と一緒に歩く男性、2000年、2010年代では家庭に積極的関与する男性像が描かれている。

構築する世界に乖離がなくなる可能性も少なくない。

ジョーンが育ってきた環境では、誰もセクシズム（sexism）やセクシャルハラスメントなどについて話すことはなかった。話したとしても、それはとても限定された状況を意味した。また、男女の役割についても伝統的な概念をもってきた。だが、これまでは通用したかもしれないが、今に至ってそれは時代錯誤になってしまっている。

一方ジュディが成人した頃は、すでにフェミニズムやセクシズムについて議論がなされ、ジョーンには気がつかないこともジュディには不当な扱いと解釈されてしまったのである。"Honey"という呼びかけはジョーンにとっては親しみを込めた表現で、秘書との円滑な関係を構築しようとしたシンボルであり、ジョーンが描く現実は、良好な関係であった。しかし、ジュディにとっては、"Honey"は男尊女卑のシンボルであり、社会的にふさわしくない表現である。またそのようなふさわしくない表現を容認する職場環境は、セクシャルハラスメントが行われている現場だと認識されることになる。つまり、同じ会社に勤務しながら、二人はまったく別の世界に生きていることがわかる。

1-5 役割とキャラ

――役割を担い、キャラを演じる

これまで述べてきたように、私たちは家庭、職場、学校、アルバイト先などでいろいろな役割を取得し、コミュニケーションを行っている。家庭においては父の役割、職場においては課長という役割、勉強している大学院では学生というそれぞれ別の役割を担う。これらの役割は比較的恒常的なものもあれば、ある目的のためにつくられた一時的なものもある。たとえば家庭のなかの父という役割は瞬時に変わることはあまりない。一方一時的な集団でも、集団として所属するとなると、必ず何らかの役割を担う。

ベンとシーツ[1]は集団でなすタスクを調整し、スムーズに遂行するタスクと直結した役割として12種類を、グループづくりやグループを維持し、グループとして作業することを強化するための役割として7種類を挙げている。一つのタスクをこなすときに、私たちはどのような役割を担っているだろうか？　また、この役割は固定しているだろうか?。

次のタスク遂行上の役割12種類と、グループづくりや維持のための役割7種類のな

[1] Benne, K., & Sheats, P. (1948) Functional roles of group members. *Journal of Social Issues*, 4, 41-49. また Trenholm, S. (2014) *Thinking through communication* (7th ed.). Harlow, UK: Pearson, pp. 187-190.

かで、どれがあなたに当てはまるだろうか？

■タスク遂行上の役割

グループ発表やグループ作業で、あなたはタスクを遂行するためにどのような役割をとるだろうか？　以下のどの役割に当てはまるか、考えてみよう。

1　起爆剤（initiator-contributor）——新しい提案をしたり、課題や目標を新しい視点でとらえたりする。そして新しいグループとしての目標を設定したり、課題を新しい視点で定義づけたり、グループとしての新しい取り組み方を提案したりする。

2　情報探求者（information seeker）——課題に関した事実や信頼できる情報を求め、提案についても事実に基づき妥当性を明らかにしようとする。

3　意見探求者（opinion seeker）——課題についてグループが理解していることや、グループの提案の価値（重要性）を明白にしようとする。

4　情報提供者（information giver）——グループの課題に関する経験や信頼できる情報や一般論を提供する。

5　ご意見番（opinion giver）——提案や代替案に対する自分の信念や意見を述べる。この役割で強調されているのは、事実や情報ではなく、グループとして大事にしなければならないのはどのような価値かについての自分の見解である。

6　詳細に拘る人（elaborator）――提案の例を挙げたり、発展させるとどうなるかの説明をしたり、提案を理論的に裏付けたり、その提案が活かされるとどうなるかを示す。

7　コーディネーター（coordinator）――さまざまなアイデアや提案の関連を示したり、一つにまとめたり、メンバーの活動を調整したりする。

8　方向づけする人（orienter）――目標に照らし合わせてグループが今どのあたりにいるか、何が起こったか、そしてどこに向かうべきかを示す。

9　評価者・評論者（evaluator-critic）――グループの成果が、あるスタンダードに照らし合わせてどうであるかを評価する。また自分たちの提案を実践性、論理性という点から評価する。

10　元気づける人（energizer）――グループに行動を起こさせ、何かを決定させる。そしてより良く、より質の高い行動へとグループを盛り立てる。

11　手続き上の技術者（procedural technician）――会議の資料を配布したり、座席を整えたりもとに戻したり、会議の様子を録音したりなど、日常的な仕事をする。

12　記録係（recorder）――メンバーの提案をメモしたり、グループとして決定したことを記録したり、議事録をとったりする。

■グループづくりや維持のための役割

グループづくりやグループを維持するために、あなたはどのような役割を担うだろうか？

1 勇気づける人（encourager）――他者の貢献を褒め、賛同し、受け入れる。他のメンバーに対し、常に共感し温かさを示す。そして他者の提案や異なる視点を理解し受け入れる。

2 調停者（harmonizer）――メンバー間の違いや意見の違いを仲裁して、衝突が起こりうる緊張感をほぐす。

3 妥協者（compromiser）――話し合いが揉めても、自分の主張と他者の主張を融合させ、グループの和を保持しようとする。

4 ゲートキーパー（gate keeper-expediter）――コミュニケーションの流れをオープンにして、まだ発言をしていない人の発言を促す。

5 基準設定者（standard setter）――グループが仕事をするときの基準を設定し、グループ・プロセスの質を評価する基準として活かす。

6 傍観者・評論者（group observer）――グループ・プロセスを観察し、プロセスを維持するためのフィードバックをする。

7 追従者（follower）――グループのアイデアを受け入れ、支持する。

このように、私たちはグループ発表や作業にあたって、タスクを遂行するという側面と、グループを維持するという側面の役割を同時に担う必要があることがわかる。トレンホーム[2]は、グループの発表や作業を円滑に行うためには、メンバーがそれぞれの段階でどの役割が必要とされているかを見極め、その役割を柔軟かつ臨機応変に遂行することが重要だとしている。

よって役割は一人のメンバーが担うこともあるし、複数のメンバーが担うこともあり、さらに一人のメンバーが複数の役割を担うこともあるだろう。そして、どのような状況であっても担う役割に一貫性がある場合もあれば、状況やメンバーにどのような人がいるかによって個人の担う役割が違ってくる場合もある。

■キャラ

それでは、キャラはどうだろうか？　この「キャラ」は、前述の2側面の役割に照らし合わせると、どちらかと言えばグループづくりや維持のための役割に近い。とくにタスクを伴わない状況でもグループを維持するための潤滑油のように機能するとも考えられる。また、日本では必ずしも内面と一致していなくても、あるグループや場で「キャラ」、つまりある種の役割を演じることを耳にする。とくに若者たちについて、土井[3]は「アイデンティティということばで表されるような一貫したものとしてで

[2]　Trenholm, S. (2014). *Thinking through communication* (7th ed.). Harlow, UK: Pearson, pp. 187-190 を参照。

[3]　土井隆義（2009）『キャラ化する／される子どもたち：排除型社会における新たな人間像』岩波ブックレット No. 759, pp. 23-24.

はなく、キャラということばで示されるような断片的な要素を寄せ集めたものとして自らの人格をイメージするようになっています」と述べている。「リーダーキャラ」、「いじられキャラ」、「しっかり者キャラ」、「ボケキャラ」などである。これは表層的にはエンターテイメント性があるように見えるが、実際はキャラがないとコミュニケーションが成立しなくなっていることもあるようだ。いろいろな場面で、自分の「キャラ」を変化させ、グループ内で演じることを期待されているキャラを演じている。また、他の人と似ているキャラは「キャラが被る」などと認識され、重ならないキャラにあえて移行することもある。

　また、ある土地に愛着をもってもらい、それが経済活動につながるような意図でつくられているマスコットキャラクターがある[4]。筆者もある古都のマスコットキャラクターの根付けを、ある学会の重鎮の先生から頂戴したことがある。当時はお世辞にも「かわいい」とは言えなかったが、見慣れると愛着がわき、さらにその古都までも身近に感じるようになったのは不思議である。

　さらには「ゆるキャラ」も注目に値する。「ゆるキャラ」とは、「のんびりとして力が抜けるような雰囲気を醸し出すマスコットキャラクターのことである。「緩《ゆる》いマスコットキャラクター」の略である[5]。都道府県や、企業などが競って「ゆるキャラ」の競争をするコンテストもあり、都道府県は自分たちの住む県等を「ゆるキャラ」によって特徴づけ、「ゆるキャラ」に親しみをもってもらうようにしている。地方自治

[4]　国際基督教大学名誉教授の故・星野命先生には従姉の故・喜多川愛子先生（女子学院）が筆者の恩師であるというご縁で大変お世話になった。改めて両先生に感謝申し上げたい。

[5]　Japan Knowledge Lib（日本大百科全書）(2019)「ゆるキャラ」https://japanknowledgecom.hawking1.agulin.aoyama.ac.jp/lib/display/?lid=1001050309183 (2019/02/13)／ゆるキャラ（R）グランプリ実行委員会 (n.d.) ゆるキャラグランプリオフィシャルサイト www.yurugp.jp/ranking/?year=2018 (2019/02/13)

体やイベントなどのイメージキャラクター（ご当地キャラ）として多くのものが誕生し、会場の雰囲気を盛り上げ、特産品などの販売促進に貢献している。

ゆるキャラとは名ばかりで、なかには怖い形相の「ゆるキャラ」も見られるが、いずれにしても、キャラのコミュニケーションが経済活動にまで結びついていることは興味深い。

また、親しみをもってもらおうと政治家の「キャラ化」の動きが目立つという。ネット上ではとくに見せる情報をコントロールしやすいことも、キャラ化を容易にさせているようだ。[6]

[6] 永野真奈（2020/09/20）「ゲーム登場・愛称…「キャラ化」する政治家」『朝日新聞』（朝刊29面）

1-6

シンボリック相互作用論的視点の限界と可能性

――他者の役割期待への対応、抵抗、そして超越

これまで述べてきたように、シンボリック相互作用論的視点からみると、私たちが言語・非言語をどのように共有し、意味づけしてコミュニケーションを行っているのかがよくわかる。しかし反面、二点の欠落点もある。

まず、シンボリック相互作用論においては、社会的存在（social being）としての自己があまりにも強調されているという点である。とくにゴフマン[1]においてはこの傾向が顕著である。つまり、他者から映し出される姿としての自己が強調されており、自己としての揺るぎない主体的な「個」や、他者を意識せずに自由に行動する自己は置き去りにされている[2]。私たちは、取り巻く社会からどう見られているかを意識すると同時に、主体的な自分（I）として臨機応変に対応し創造性に富んだコミュニケーションを行っているはずである。

二点目は、シンボリック相互作用論において、自己は意識的で、自分の行動や考えを深く顧みる存在として捉えられているが、無意識的で、非合理的な自己の側面は欠落している[2]。しかし、1-1に述べたように、筆者は電車のなかで見知らぬ人に無意

[1] Goffman, E. (1959) *The presentation of self in everyday life*. Garden City, NJ: Anchor Books.〔石黒毅〔訳〕(1974)『行為と演技：日常生活における自己呈示』誠信書房〕

[2] Prasad, P. (2005) *Crafting qualitative research: Working in the postpositivist traditions*. New York: M.E. Sharpe.〔箕浦康子（監訳）浅井亜紀子（訳）(2018)『質的研究のための理論入門』ナカニシヤ出版（「シンボリック相互作用論」(pp. 24-25)）〕参照。

識に「疲れた」というシンボルを呈示してしまったことがあった。また、筆者は大学生の頃、無意識にオーストラリアから来た留学生を「侮辱」してしまった苦い経験もある。実際は無意識に微笑んでいたにもかかわらず、東京案内をしていたオーストラリア人の留学生には侮辱の笑みとして捉えられてしまったのである。自分がどのような表情であったかは見えないものの、無意識の表情が侮辱のシンボルとして受け取られてしまったのであり、そのような誤解は対人レベルのみでなく国家レベルでも起こりうるものである。

このように、シンボリック相互作用論においては、社会的存在としての自己が強調され、自己は意識的でつねに合理的な存在として捉えられている。しかし、このような枠組みが強調されているからこそ、その枠組みから逸脱する行動もまた映し出されている。つまり、私たちが他者の役割期待にときには応え、ときには抵抗し、そしてときには役割期待の範囲を超えるコミュニケーション行動をとっている存在であることをシンボリック相互作用論の視点は示してくれる。そして日頃のコミュニケーション行動にはそれが映し出されている。

たとえば、「勉強しなさい」と言われた子どもが、「はい」と言ってすんなりと勉強を始めるときがある。しかし、「今、やろうと思っていたのに……」と言ってなかなか勉強を始めようとしないことがよくある。勉強をしなくてはいけないことは子どももわかっているが、なかなか勉強を始めないのは、「素直に親の言うことを聞く」という役割期待に抵抗するコミュニケーション行動である。また、あるスポーツ選手が試合後のインタビューを拒否し、罰金を課されたことが大きく報じられた[3]。さらにインタビュー拒否が続けば次の大会への出場も停止になるとなり、自ら当該大会の出場を辞退したという。心の病を抱えてきたその選手にとっては、選手の義務とされている試合後のインタビューに応じることが苦痛であり、インタビューに応じることと、自分自身の心の平安を保つことを天秤にかけ、後者を選択したわけである。それは、1－3にあるように一般化された他者の期待に応えてインタビューを受けることが耐え難かったからだと推察できる。この選手の行動はまさに役割期待に応えるのではなく、自分の意思に従ったコミュニケーション行動であろう。

　このエピソードは当該スポーツ選手の知名度の高さにより、「主体的な自分（I）」による行動がより顕著となったところが大きい。しかし、役割期待に抵抗するとは言わないまでも、日常生活のなかで、私たちは相手が（自分が相手に対して抱く）役割期待に沿っているときと、相手がその役割期待の範囲を超えるときとで、ことば遣いを変えていることがシンボリック相互作用論的視点から示唆される。

　尾鼻[4]は「ごめんなさい」と「すみません」の使い分けについてシンボリック相互作用論の役割と役割期待に関連づけて説明している。たとえばある刑事ドラマで、刑事が事情聴取に行った先でその家の人にお茶を入れてもらったとき、「すみません」と言っていた。それに対して、同じ刑事が職場に戻り、同僚にお茶を入れてもらったと

[3] ABC Premium News [Sydney] (2021/06/01). Naomi Osaka's withdrawal from the French Open is the latest stand from a quiet activist. https://www.proquest.com/wire-feeds/naomi-osakas-withdrawal-french-open-is-latest/docview/2535278536/se-2?accountid=8333 (2021/06/03) および、『朝日新聞』(2021/06/01)「大坂選手の会見拒否物議に：全仏主催者から罰金　繰り返せば出場停止も　全仏テニス」（朝刊26面）

[4] 尾鼻靖子 (2015)「感謝表現としての「ありがとう」と「すみません」の境界線：シンボリック相互作用理論を適用して」『言語と文化』（関西学院大学紀要）*18*, 15–28.

きには「ありがとう」が使われていたという。前者の場合、刑事は自分が事情聴取に出向いた先の家の人にお茶を入れてもらうことを期待していなかった。「事情聴取を受ける（た）人の」の役割期待は知っていることを話してくれることであり、お茶を入れてくれることではない。つまりお茶を入れてくれることは相手に対して自分が抱いた役割期待の範囲を超える行動であったから「すみません」を用いたと説明している。それに対して、同じ課の同僚がお茶を入れてくれるのは同僚という役割に期待する範囲内の行動であるので、「ありがとう」を使うという。つまり、相手に対して抱いた役割期待の範囲を超えた行動を相手がとったときに、当時者は「すみません」を使用し、役割期待の範囲内の行動を相手がとったときに、「ありがとう」を使用するとしている。このように、日頃の私たちのコミュニケーション行動から、シンボルの共有だけでなく当時者同士の役割期待に対するやりとりが垣間見え、日常的なコミュニケーションはたくさんの研究素材に満ち溢れていることを実感するのだ。

1-7 コミュニケーション能力の高め方
——カギはどの程度シンボルが共有されているか

それでは、私たちはどのようにコミュニケーション能力を高めることができるのだろうか?

まず、私たちが共有していると思っているシンボルがどれほど実際に共有されているかに目を向けることが大事になる。ある場所、ある組織、ある社会のなかで共有されているシンボルも、別の場所、別の組織、別の社会ではまったく違う意味をもつものがある。自分がもっている意味づけを他者が共有しているという前提を崩し、確認する作業が必要になる。

二点目に、私たちが当然として受け入れてしまっている偏見を読みとる批判的眼を養うことが必要になる。文化的慣習のなかで、知らないうちに当たり前とされていること、受け入れてしまっていることのなかに、公正ではないものが潜んでいるかもしれない[1]。

三点目に、自分がとっている役割や、ルールについて内省する力を身につけることが必要になる。その役割が公正ではなく、ルールを改正する必要があるときには、勇

[1] Trenholm, S.（2014）*Thinking through communication* (7th ed.). Harlow, UK: Pearson, pp. 30-31.

[2] 以下が代表的な論文である。Sueda, K.（2018）Japanese Women Managers, Employee-Oriented Communication Styles: An Analysis Using Constructivist Grounded Theory. *International Journal of Business Communication*, 1-26. doi: 10.1177/2329488418803659 および末田清子・井上美砂（2017）「女性管理職者のコミュニケーション・スタイルに関する研究（1）：外資系ＩＴ企業における調査結果から」『コミュニケーション研究』45, 129-150.

[3] Charmaz, K.（2006）*Constructing grounded theory: A practical guide through quali-*

気をもって更新することが求められる。

コーヒーブレイク２ —— 女性管理職者のコミュニケーション・スタイル

筆者および共同研究者は、「日本の一般企業の女性管理職者たちやその協働者は、女性管理職者のコミュニケーション・スタイルをどのようにとらえているか」を研究設問とし、一連の研究[2]を行った。日本企業および外資系に勤務する女性管理職者とその協働者を含む男女27名の研究参加者のデータを、構成主義版グラウンデッド・セオリー・アプローチ[3]によって分析した。その結果、これまで受容されてきた男性はタスク志向で女性は関係性志向[4]という二分化を超えた知見を得た。

この一連の研究でわかったのは、女性管理職者たちが、オープンで親しみやすい職場環境づくりをし、職務上の目標達成のために部下に心を向け、励ましサポートし、さまざまなチャンネル（媒体、言語・非言語メッセージ）を駆使してコミュニケーションを行っていることであった。そしてそうすることによって高評価を得られ、そのことでまた部下を育てることに注力するように奨励されていることがわかった。この結果を役割という観点から見ると、人は社会が期待する役割に合致した行動をとるときに評価されるという役割適合理論（role congruity theory）[5]と結びつく。逆に社会が期待する役割に合致しない行動をとるときには評価されない、もしくは批判の的になる。

tative analysis. London, England: Sage. およびCharmaz, K. (2014) *Constructing grounded theory* (2nd ed.), London, England: Sage. を参照。

［4］この論はたとえばTannen, D. (1990) *You just don't understand: Women and men in conversation*. New York: Harper-Collins. あるいはTannen, D. (1994) *Talking from 9 to 5: Women and men in the workplace: Language, sex and power*. New York: Avon Books. などに述べられている。

［5］Role Congruity Theory についてはEagly, A. H. & Karau, S. J. (2002) Role congruity theory of prejudice toward female leaders. *Psychological Review, 109*, 573-598. doi:10.1037/0033-295x.109.3.573 を参照のこと。なお、「役割適合理論」というのは末田の試訳である。

2 アイデンティティとコミュニケーション

――切っても切り離せない仲

第1章では、シンボリック相互作用論の考え方からコミュニケーションとは何かについて考えてきた。それでは私たちは日常生活のなかで、自分のアイデンティティをどのように認識し、提示しながらコミュニケーションしているのだろうか？

本章では、まずアイデンティティに対する二つの考え方を紹介し、本章の核となる社会的アイデンティティ理論・自己カテゴリー化理論の立場にたって複数でとらえるアイデンティティ（identities）について解説し、主観的にとらえるアイデンティティと客観的に把握されるアイデンティティに齟齬がある可能性を提示する。そして、昨今私たちの日常生活に根付いてきたＳＮＳ（Social Networking Service）を通してのコミュニケーションで表現されるような、サイバースペース上のアイデンティティについても考えてみよう。

2-1

単数のアイデンティティと複数のアイデンティティ

——あなたをあなた以外から区別するすべて

■さまざまな「私」

誰かに初めて会ったときに、私たちはほとんどの場合に自己紹介をする。海外で暮らしていると“Where are you from?”と訊かれることが多い。また、誰かと知り合ってその人とお馴染みとなったときに、自分のことについて語るようになる。カリフォルニア州にいた頃は、とくに日系アメリカ人に出会うことが多かったが、あることに気づいた。同じ日系3世であっても、「私はアメリカ人です」という人、「私は日系人だ」という人、「私は日本人だ」という人がいたということである。自分を表現するときのこのような違いは、いったいどこから来ているのだろうか？「私はアメリカ人です」という人は、「私は日系人だ」という人よりも、アメリカ人の一員であることを重視しているかもしれない。そして、「私は日本人だ」と自分を表現する人は「私は日系人だ」という人よりも、日本人としてのルーツをより強く意識している可能性がある。

誰かに初めて会ってからしばらくしても、筆者が海外で暮らしていたときは、現地

[1] 英辞郎 on web（2018）https://eow.alc.co.jp/search?q=identity（2018/08/24）。

[2] Gleason, P.（1983）Identifying identity: A semantic history. *The Journal of American History*, *69*, 910-931.

[3] 同右 p.3 参照。

[4] Columbia Pictures industries（2004）“Fifty first dates”

[5] Chen, G.（2015）An alternative view of identity. L. A Samovar, R. E. Porter, E. R. McDaniel, & C. S. Roy（Eds.）, *Intercultural communication: A reader*（14th ed.）,（pp.61-69）. Boston: Cengage Learning. にあるように、西洋では自我（self）に固執するのに対し、東洋では自我に固執しない無我（non-self）が人の成熟という考え方がある。そのようなアイデンティティの考

の方に「日本ではどうなの?」、「日本人はどうするの?」と訊かれることが多かった。授業のなかでも必ずと言ってよいくらい「日本ではどうか?」と、まるで筆者が日本人の代表のように問われることが少なくなかった。「私は日本人の代表ではないのだから…」と苦笑することも多々あった。しかし、そのうちその必要もなくなった。なぜなら相手のほうが「Kiyokoはどう思う?」と、個人として尋ねるようになったからである。これは、出会って最初は相手の国籍など帰属集団に係る「私」を相手が強く認識するのに対し、後日は個人としての「私」を強く認識するようになってくるからだと言えよう。

また、2020年は、新型コロナウィルス感染拡大防止の観点から日本国内のほぼすべての大学が授業をオンライン化した。私も例外ではなく、オンライン授業は、新たな私を与えてくれる機会となり、新たな私を表現するツールともなった。WiFiを安定させるためにビデオをオフにする学生たちに対して、講義する私はいったいこれまでの私とどう違うのだろうか? 画面を見る学生はオンライン上の私をどのようにとらえているのだろうか? 自分は何者なのか?と、改めて自問する日々が続いた。

■単数のアイデンティティ

アイデンティティということばを日常的にもよく耳にするが、そもそもどのような意味があるのだろうか? 英和辞典[1]をひくと、正体、身元、独自性、固有性、(心理学)

え方もあるが、今回は次項の単数でとらえるidentityと複数でとらえるidentitiesを対比させる。

[6] Erikson, E. H. (1959) *Identity and the life cycle*. New York: W. W. Norton.〔エリク・H・エリクソン/西平直・中島由恵(訳)(2011)『アイデンティティとライフサイクル』誠信書房〕を参照。

[7] Erikson, E. H. (1959) 同右 p. 122. エリクソンは、アイデンティティが複数の同一化の総和ではないとしている。

[8] 鑪幹八郎(1990)『アイデンティティの心理学』講談社

[9] Tajfel, H., & Turner, J. C. (1979) An integrative theory of intergroup conflicts. In W. G. Austin & S. Worchel (Eds.), *The social psychology of intergroup relations* (pp. 263-276). New York: Peter Lang. および Turner,

自我同一性、本人であること、などが出てくる。そもそもアイデンティティ（identity）ということばは、ラテン語のidem（the same）ということばに由来し、16世紀から英語として使われてきたそうだ。[2] １９８０年代のOxford English Dictionaryには、“the sameness of a person or things at all times or in all circumstances, the condition or fact that a person or thing is itself and not something else, individuality, personality.”[3]とある。つまり人あるいは物が、いつも、そしてどのような状況でも、同じ存在であることを指している。

たとえばその例として、『50回目のファースト・キス』[4]という映画で、交通事故にあい短期記憶喪失障害を抱えているヒロインのルーシーが、自分の家族と恋人のヘンリーと一緒に、主治医のいる病院を訪ねるシーンがある。そこに10秒トムという患者が出てくる。トムは10秒経つと、「私はトムです。よろしく」と繰り返す。自分が昨日も一昨日も同じ自分であること、そしてその自分が明日も自分であり続けるだろうという自覚がない。そうした自分が自分であるという一貫性と、今日の自分が明日の自分につながるという連続性の自覚を、アイデンティティ（identity）という。[5]

この単数でとらえるアイデンティティは主にエリクソン[6]の流れをひくものであり、臨床心理学や精神医学の分野においては、この自己の同一性と連続性の自覚が大切であるとされてきた。エリクソンは“Identity formation begins where the usefulness of multiple identification ends.”「アイデンティティの形成は、複数の同一化が有効に機

J. C. (1981) The experimental social psychology of intergroup behavior. In J. C. Turner & H. Giles (Eds.), *Intergroup behavior* (pp. 66-101). Oxford: Basil Blackwell. を参照。

[10] 前章のシンボリック相互作用論では「役割」という概念が重要であり、人がたくさんの役割をもった存在であることから「私」は重層的な存在である。ここでは社会的アイデンティティ理論およびシンボリック相互作用論から論じる。

[11] 箕浦康子 (1995)「異文化接触の下でのアイデンティティ」『異文化間教育』第9号 p.19.

[12] Wetherell, M. (2010) The field of identity studies. In M. Wetherell & C. T. Mohanty (Eds.), *The Sage handbook of identities* (pp. 3-26). London: Sage.

能しなくなる時点から始まる」[7]と述べているように、複数のアイデンティティは人が成人として落ち着くまでの未熟な期間にあるものだが、成熟する過程で自然に一つに集約されるとしている。しかしここで注目すべきことは、エリクソンはユダヤ系デンマーク人であったが、父がスウェーデン人であったことから、周りから少数派としてみられ、自分がマイノリティであることを常に意識して育ったことである。[8] エリクソンは、自己の同一性の自覚は社会との関わりと無関係には獲得できないと考えていた。

■複数のアイデンティティ

一方、アイデンティティのもう一つの考え方に、単一のアイデンティティに収斂すると見るのではなく、常に複数（identities）であるととらえる見方がある。この考え方の代表的なものとして、1970年代に創発された、イギリスの社会心理学者であるタジフェルとその弟子ターナーの流れをひく社会的アイデンティティ理論（social identity theory）、および自己カテゴリー化理論（self-categorization theory）がある。[9] 社会的アイデンティティ理論においては、アイデンティティは複数でとらえられ、[10]「自分は何者であるかについて自分が抱いているイメージ、信念、感情、評価などの総体で、「私」を「私」以外から区別するすべての特徴を含んでいる」[11]ものである。社会的アイデンティティ理論は、人はある社会的集団に思い入れをもつと、個性的な存在あるいは際立った存在感をもつ個人として行動するときとまったく違う行動をと

[13] 社会的アイデンティティ理論の概要については、柿本敏克（2009）「社会的アイデンティティ理論」日本社会心理学会（編）『社会心理学事典』（pp. 318–319）丸善参照。自己カテゴリー化については、唐沢穣（2009）「自己カテゴリー化」日本社会心理学会（編）『社会心理学事典』（pp. 16–17）丸善参照。

[14] 唐沢穣（2009）「自己カテゴリー化」日本社会心理学会（編）『社会心理学事典』（pp. 16–17）丸善参照。

[15] Kuhn, M. H., & McPartland, S. (1967) An empirical investigation of self-attitudes. In J. G. Manis & B. N. Meltzer (Eds.), *Symbolic interaction* (pp. 120–133). Boston: Allyn Bacon.

るということを基礎においており[12]、情動的側面に焦点が当てられている。また、偏見や集団間のコンフリクトがなぜ、そしてどのように生まれるかを探究すべく生まれた理論である。一方、自己カテゴリー化理論は認知的側面に焦点が当てられている[13]。たとえば、「日本人」というカテゴリーは、常に認識されるわけではない。日本人である自分と他の日本人との差異よりも、日本人である自分と「日本人ではない人」との差異が大きいときに、「日本人」というカテゴリーが認識される。つまり日本人という内集団の類似性と、外集団との差異性が認められるときに認識されるのである[14]。

■「私は誰だろう？」テスト

それでは、私は誰だろう？（Who am I?[15]）と自問してみよう。その際に、前述のとおり、あなたをあなた以外の人から区別するすべての特徴を挙げるつもりで自問して、図２－１の括弧を埋めてみよう。括弧は必ずしも七つでなくてもかまわない。できるだけたくさん埋めてみよう。いくつくらい埋まるだろうか？　その内容には、どのような共通項や違いがあるだろうか？　今あなたが埋めた内容と、あなたの周りの人が埋めた内容と、どのように違うだろうか？　また、５年後あるいは10年後のあなたは、どのような内容を埋めるだろうか？

"Who am I?" Test 「私は誰だろう？」テスト

私は（　　　　　）.

私は（　　　　　）.

私は（　　　　　）.

私は（　　　　　）.

私は（　　　　　）.

私は（　　　　　）.

私は（　　　　　）.

図 2-1 「私は誰だろう？」テスト[16]

[16] クーンおよびマックパートランドはシンボリック相互作用論者であり、社会的アイデンティティ理論をどのくらい意識していたかはわからない。しかし、アイデンティティの重層性を意識するエクササイズとしては有効だと筆者は考える。

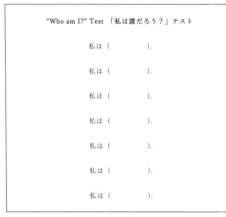

2-2 社会的アイデンティティ・個人的アイデンティティ・超越アイデンティティ
——アイデンティティのレベル

さて、図2-1であなたは（　　）にどのようなものを挙げただろうか？

まず、「日本人」、「A大学の学生」、「B社の社員」、「C部の部員」など、あるカテゴリーが表記されているものがあるだろう。ここで言うカテゴリーとは、「そこに属する成員か否かの判定が明確にできる」[1]まとまりと考えられ、そしてそれはある集団への帰属意識に基づくものだろう。これを**社会的アイデンティティ**（social identity）と呼び、個人が何らかの社会的集団に所属し、そのメンバーであることが心情的にも、価値観の上でも自分にとって重要であるという認識[2]に基づくアイデンティティだと言えよう。

そして、二種類目として、「私」、「○○（ファースト・ネーム）」、「明るい」、「歌うことが好き」などの個人の性格、個性・特性、嗜好に基づく自己意識を表すものがある。それを**個人的アイデンティティ**（personal identity）と呼ぶ。

三種類目に、「地球人」、「グローバル市民」など、社会的カテゴリーの成員性でも個人の特性でもないものがあるのではないだろうか。これを**超越アイデンティティ**

[1] Turner, J. C. (1987) *Rediscovering the social group: A self-categorization theory*. Oxford: Blackwell.〔J・C・ターナー／蘭千壽・磯崎三喜年・内藤哲雄・遠藤由美（訳）（1995）『社会集団の再発見：自己カテゴリー化理論』（p. viii）誠信書房〕

[2] 末田清子（2011）「第4章 文化に対する視点の多様化」末田清子・福田浩子（編）『コミュニケーション学：その展望と視点 増補版』図4-2（p. 66）松柏社が基盤となっている。

(superordinate identity) と言う。超越アイデンティティは社会的アイデンティティのように一定の集団に規定されたものでも、個人的アイデンティティのように個人に限定されたものでもない。その意味では、二つのアイデンティティを超越したアイデンティティであり、二者の橋渡しをするアイデンティティでもある。たとえば、中国人であるA氏の「中国人」というアイデンティティと、日本人のB氏の「日本人」というアイデンティティを超越するのは、「アジア人」あるいは「人類」、「地球市民」というアイデンティティかもしれない。あるいは、A氏もB氏もピアノを幼い頃から習い、プロのピアニストであるなら、「ピアニスト」という社会的アイデンティティあるいは、「ピアノが好き」という個人的アイデンティティが二者の架け橋となる超越アイデンティティになりうる。

このアイデンティティのレベルは、私たちがどのレベルのコミュニケーションを行うのかにも関わっている[3]。個人的アイデンティティはまったく表出せず、社会的アイデンティティのみでコミュニケーションを行うときは、典型的な**異文化コミュニケーション** (intercultural communication) であると考えられる。一方、個人的アイデンティティのみを表出してコミュニケーションを行うときは、典型的な**対人コミュニケーション** (interpersonal communication) であると考えられる。たとえば、前述のとおり筆者がアメリカの大学院で最初に学んだとき、私は教授陣に「日本はどうか？」「日本人はどう考えるのか？」などと頻繁に尋ねられた。時間が経つにつれて、その

[3] 末田清子 (2011)「第4章 文化に対する視点の多様化」末田清子・福田浩子 (編)『コミュニケーション学：その展望と視点 増補版』(pp. 57-74) 松柏社

ようなことはなくなり、筆者が個人としてどのように考えるかについて問われるようになった。しかし、再び話題が国籍や民族の違いに大きく左右されるときには、またコミュニケーションは異文化コミュニケーションとなる。通常、私たちは異文化コミュニケーションと対人コミュニケーションの間を行ったり来たりしていると考えられる。

王[4]は大学の交換留学生と留学生を世話する立場のチューターとの関係に関する調査を行った。そのなかで興味深い結果が報告されている。交換留学生とチューターの仲は事務的なつきあいの場合もあれば、両者の関係性が深まり交換留学生が帰国してからも交流が続いている場合もあった。後者に着目すると、それは単に交換留学生と日本人という社会的アイデンティティによる交流だけではなく、趣味や価値観を共有し、お互いに相手の個性に惹かれあって接していることがわかった。

つまり、あるときは日本という文化の媒介者として、日本人の学生が日本人の世界観や価値観を交換留学生に伝える。他方で交換留学生も日本人学生もアニメ好きという共通項で関係性を深めるというプロセスが垣間見える。

[4] 王夕心（2014）『青山学院大学留学生の受け入れ：留学生とチューターとの関係』青山学院大学国際政治経済学研究科国際コミュニケーション専攻修士論文

2-3 客観的アイデンティティと主観的アイデンティティ
——あなたが思う私と私が思う私

アイデンティティには、他者が見て判断する**客観的アイデンティティ**と、自分が思い入れをもつ**主観的アイデンティティ**がある[1]。よって、自分が思う自分のアイデンティティと他者が認識する自分のアイデンティティはしばしば異なることが多い。また、コミュニケーションのパートナーにどのように自分のもつアイデンティティを開示するか（**自己開示**）、どのように自分を見せるか（**自己呈示**）によって、他者が認識するアイデンティティも変わってくる。自己開示が「自己に関する情報をありのまま述べる行為やその言語内容だけを指す[2]」のに対し、自己呈示は「自己に関する情報をありのままではなく意図的に調整して話す行為全体やその内容を大きくとらえた概念[3]」である。

現在の勤務校に奉職して始めて、私はたくさんの「帰国子女」というカテゴリーに当てはまる学生に出会った。そのときにも気づいたことがあった。自分を帰国子女だと積極的に言う学生もいれば、訊かなければ言わない学生もいる。また、帰国子女であることを隠している学生もいた。その違いは、どこからくるのだろうか？

[1] Martin, J. N. & Nakayama, T. (2001) Identity and intercultural communication. In J. N. Martin & T. Nakayama (Eds.), *Experiencing intercultural communication*. (pp. 66-94) New York: McGraw-Hill. 参照。

[2] 三浦麻子・森尾博昭・川浦康至（2009）『インターネット心理学のフロンティア：個人・集団・社会』誠信書房（p. 68）

[3] 同右。

たとえば、筆者が行ってきた一連の研究でも、帰国子女の学生たちのなかには、「帰国子女」というアイデンティティを自己開示する学生もいるし、あまり開示しない学生もいた。また、「帰国子女」というのは自分の大切な一部ではあるが、それだけが自分のすべてではないとして、開示したり呈示することに拘りをもたない学生もいた。[4] よって、「帰国子女」として周囲から認識されているか否かは、このような当事者の自己開示あるいは自己呈示のあり方にも関わっている。

[4] 末田清子（2012）『多面的アイデンティティの調整とフェイス（面子）』ナカニシヤ出版。および Sueda, K. (2014) *Negotiating multiple identities: Shame among Japanese returnees*. Singapore: Springer. を参照。

2-4 サイバースペース・アイデンティティ
——どこにでもいてどこにもいない私

これまで社会的アイデンティティ、個人的アイデンティティ、そして超越アイデンティティについて主に述べてきた。しかし昨今では、サイバースペース上のアイデンティティ（以降、サイバースペース・アイデンティティと記す）が個人生活の上でも社会的にも、ますます重要性を帯びてきた。サイバースペース上のアイデンティティを、他のカテゴリーのアイデンティティと比べてみると、以下の三つの特徴が見えてくる。

■サイバースペース・アイデンティティの特徴

まず、サイバースペース上のアイデンティティは他の種類のアイデンティティに比べて、自由度が高い。サイバースペース上のアイデンティティは、「本物の自分」を表出することができるだけでなく、「偽りの自分」を演じることも比較的簡単である。必ずしも「うそをつく」ということでなくても、本来の自分ではなく、自分の呈示したい自分を見せることができるという意味で、「偽りの自分」を見せることが可能である。また、サイバースペース上のアイデンティティは、自分の意思で開始したり、嫌になったらすぐにやめることもできる[1]。

サイバースペース上のアイデンティティは、**可能自己**（possible selves）[2]という概念と結びつく。可能自己とは、過去に表出した自分からくるものであるが、未来に表出したい自分をも含んでいる。しかし、過去とつながっているとはいえ、今こうしている自分とは違うものである。そして、その自己は極めて個人的な希望や恐れや空想を反映したものである。ジョインソンは、可能自己を以下のように定義する。

可能自己はなりたいと思う自己であり、なることのできる自分であり、そうなったら怖いと思う自分でもある。こういう自己概念はその人の自己概念の核の一部を形づくるものである[3]。

ジョインソンは、サイバースペース上のアイデンティティの発達が、現実世界で自分の願望を満たすという行為の練習になっていること、そして普段は表出していない本当の自分をサイバースペースで表出することによって、現実世界でなりたい自分や、もちたい人間関係を構築するという動機につながっているという。

二点目に、サイバースペース上ではアイデンティティを複数あるいは多数もつことが可能であり、サイバースペース上の複数のアイデンティティの間や、現実の世界の自分とサイバースペース上の自分との間を自由に行き来できる。つまり**浸透性**（permeability）が高い。そして一人の人物がまったく違うAさんとEさんを名乗るこ

[1]　三浦麻子（2012）「インターネットで広げる人間関係」安藤香織・杉浦淳吉（編）『暮らしの中の社会心理学』（pp. 147–157）ナカニシヤ出版 を参考。

[2]　possible selves という概念はMarkus H. & Nurius, P.（1986）Possible selves. *American Psychologist, 41*, 954-969. で最初に発表された。それをインターネット上のアイデンティティのなかで論じているのものとして以下が挙げられる。Joinson, A. N.（2003）*Understnding the psychology of internet behavior: Virtual worlds, real lives*. Hampshire, UK: Palgrave Macmillan.〔A・N・ジョインソン／三浦麻子・畦地真太郎・田中敦（訳）（2004）『インターネットにおける行動と心理』北大路書房〕

[3]　Joinson, A. N.（2003）同右（p. 123）この和訳は筆者の試訳である。原文は、"They are the selves we would like to become,

とができ、違った側面の「自分」を表出することもできる。

第三に、サイバースペース上のアイデンティティは、どのように名乗るかによって、本人を特定できるようにすることも、他者と区別できるようにすることも、あるいはどちらもできないようにすることもできる。サイバースペース上のアイデンティティは、本人の名前であることもあるし、匿名でもありうる。また本人の特性と紐づいたハンドルネームを使うこともできるし、本人とまったく結びつかないハンドルネームを使うこともできる。[4] 折田[5]は、インターネット利用にあたって、利用者は個人情報保護への懸念をもっているだけではなく、個人情報保護のために何らかの行動をとっていると指摘する。mixiやfacebookなどのSNSは実名で利用している率がもっとも高く、実名でない場合は実名と結びつくハンドルネームが使われていることが多いが、それに対し、いわゆる電子掲示板では、実名と結びつかないハンドルネームの利用率がもっとも高いという。

■サイバースペース上のアイデンティティによるコミュニケーション

サイバースペース上のコミュニケーションには、どのような特徴があるのだろうか？　サイバースペース・アイデンティティによるコミュニケーションは、対面でのコミュニケーションとはどのように違うのだろうか？　サイバースペース・アイデンティティにより、私たちはどのくらい深い、質の良いコミュニケーションを行うこと

we could become, and we fear becoming. These future self-conceptions form part of the core of a person's self-concept."

[4]　ハンドルネームとは「インターネット上で使われる別名、ニックネーム」を指す。JapanKnowledge Lib (2019) https://japanknowledge-hawking1.agulin.aoyama.ac.jp/lib/display/?lid=1001050309290 (2019/02/26).

[5]　折田明子 (2014)「インターネット上の名前・アイデンティティ・プライバシー」『情報管理』57(2), 90-98.

ができるのだろうか？　それは両刃の剣であると言ってよい。

シェリー・タークル[6]は、その著書 *Alone together* のなかで、サイバースペースでのコミュニケーションに頼りがちな私たちの人との関わり方に警鐘を鳴らしている。そのダイジェスト版として、"Connected, but alone?" というＴＥＤスピーチ[7]を行っている。画面には一緒に遊ぶ子どもたちの姿が映し出されている。しかし、一緒に遊ぶといっても、公園で身体を動かして遊ぶというのではなく、家のなかで、それぞれ別々に携帯端末やゲーム機器で遊んでいる。そしてそのような子どもたちの姿を嘆く大人たちも、会社では対面で話すのではなく、ほとんどの場合メールでやりとりし、会議に出ても自分に関わること以外の場面では携帯端末を見ているという風景がスピーチ会場のスクリーンに映し出されている。結局一人でいることを十分に甘受できるようにならないと、つながっていても孤独を感じるとスピーチを結んでいる。

日本のいじめはまさに、「つながらないといじめられる」という心理から「つながっていてもいじめられる」ような状況にまでエスカレートしている。なかなか可視化されにくいいじめとして、サイバースペース上のいじめも多く報じられている[8]。２０１５年現在で、インターネットや携帯を使った誹謗や中傷が都内の公立小学校で前年度より３割増えていることがわかり、しかも「ネットいじめ」が低年齢化しているという[9]。サイバースペース上のいじめとなると、同じ場を共有していない者にはなかなか確認できない怖さがあり、またそのいじめが拡散されたり、長期化したりする可能

[6]　Turkle, S. (2017) *Alone together: Why we expect more from technology and less from each other*. New York: Basic Books.〔シェリー・タークル／渡会圭子（訳）(2018)『つながっているのに孤独：人生を豊かにするはずのインターネットの正体』ダイヤモンド社〕を参照。

[7]　また上記の本の概要は、同氏が２０１２年にカリフォルニア州ロングビーチで行ったＴＥＤのスピーチ、Turkle, S. (2012) "Connected but alone?" https://www.ted.com/talks/sherry_turkle_alone_together#t-10609 (2020/06/07) に示されている。

[8]　たとえば、岡本洋太郎（2018/12/12）「ネットいじめ、マニュアル案　大津市、ＬＩＮＥなど具体策／滋賀県」『朝日新聞』（朝刊・滋賀県全県25面）では、インターネット上のいじめなどのトラブルに対応すべく作成したマニュアルのことを報じている。

性がある。

しかし、他方で、サイバースペース上のアイデンティティがかえって質の良いコミュニケーションを可能にするという研究者も少なくない。ワルサー[10]は、サイバースペース上では現実の生活よりも、素早くそして密度の濃いコミュニケーションが行われているとしている。これを超個人的コミュニケーション[11]（hyperpersonal communication）という。その理由として、インターネットを介して相手にメッセージを送るときには、十分文章を推敲し、他者から見てより魅力的だと思われる自分（アイデンティティ）を慎重に強調することができるということが挙げられている。また、コミュニケーションに携わる両者の対照的な面よりは、両者の共通項が必要以上に強調され、理想的な相手像をつくることもできるからだという。

またトレンホーム[12]によれば、グループ作業をするときに、グループメンバー同士の意見交換は、対面のコミュニケーションのときには役割が限定されがちであるのに対し、サイバースペースのほうがより民主的で活発な意見交換がなされる可能性が高いという。

先ほどサイバースペースでのいじめが低年齢化している現実を記したが、いじめや自殺を防いだり[13]、DV（Domestic Violence：家庭内暴力）のサバイバー[14]を救う手段として、サイバースペース上のアイデンティティが活用されることもある。自殺願望をもつ人や、DVサバイバーがSNSで相談者にSOSを発信したり、相談することが

[9] 川口敦子（2015/10/28）『ネットいじめ』小学校で3割増　都教委、対策強化へ　文科省調査／東京都」『朝日新聞』（朝刊・東京四域31面）

[10] Walther, J. B. (1996) Computer-mediated communication: Impersonal, interpersonal, and hyperpersonal interaction. *Communication Research, 23*(1), 3-43.

[11] 三浦麻子（2012）「インターネットで広げる人間関係」安藤香織・杉浦淳吉（編）『暮らしの中の社会心理学』(pp. 147-157) ナカニシヤ出版 を参考。

[12] Trenholm, S. (2014) *Thinking through communication* (7th ed.) Harlow, UK: Pearson.

[13] 『朝日新聞』（2018/08/26）［（#with you きみとともに）君の悩み、SNSで聞かせて「電話で拾えぬ声に対応」］（朝刊1面）

できるようになってきた。サイバースペース上で匿名性が担保されること、つまり相手の顔が見えず、アイデンティティが明かされることもないことによって、相談することへの壁がかなり低くなるという。

コーヒーブレイク3 ―― SNSでの自分表出

皆さんは日常的にどのくらいSNS（Social Networking Service）を利用しているだろうか？　そこでどのような自分を表出するだろうか？　大学生が授業で行った興味深い研究発表があった[15]。彼らは日頃自分たちが使用しているSNSのなかのツイッター（Twitter）、インスタグラム（Instagram）、そしてライン（LINE）を使用するにあたって、自分たちがどのような自分を表出するか？について分析した。

その分析によると、ツイッターにおいては匿名性を確保し、現実社会では表出しない自己を表出する傾向がある。とくに現実社会の友人とはつながっていない裏アカでは、この傾向が顕著であるという。それに対してインスタグラムでは、文章だけでなく写真を親しい人たちのコミュニティに共有する。匿名性は極めて低く、実名で投稿していることが多い。よって、より良い自分を見せるように加工済みの写真やきれいな写真を投稿することが多いという。さらにラインではツイッターやインスタグラムと比べて、匿名性も必要ないし、より良い自分を表出する必要もなく、「自分らしい」自分を表出する傾向があるという。

[14]　Domestic Violence（DV）の被害者のことをDVサバイバーと呼ぶことが多く、DVサバイバーの自助支援活動や、ファシリテーター養成講座などを行っているNPO法人レジリエンス resilience-jp.hteml.jp/ では「☆さん」などと呼んでいる。

[15]　この発表は、青山学院大学国際政治経済学部国際コミュニケーション学科の2020年度コミュニケーション論Ⅱで行われた「SNS上のアイデンティティ」という研究発表である。発表時のメンバーは、3年次の畑茉里奈、2年次の菊池梨里、玉井志歩、野尻紗也加であった。

2-5

多面的アイデンティティ

――いろいろなアイデンティティをもつ私

■コンテクストとアイデンティティ

実際、私たちは普段どのようにコミュニケーションを行っているのだろうか？　前述のアイデンティティ研究の流れのなかで、単数であるか複数であるかの他に、もうひとつ大きな研究の転機となったのが、「アイデンティティとは何か？」から「アイデンティティは談話のなかでどのように構築されるか？」への問いの変化である。[1]　図2-2は、二者が対峙してコミュニケーションを行うときの様子を表している。A氏とB氏は太陽系の惑星のようなものだと考えられよう。それぞれの球体は自身の軸の周りを回転し（自転）、かつ他の球体の周囲を周期的にまわる（公転）。

たとえば、大学という場で、A氏はB氏の授業を受けている。そのコンテクスト（context）において、対応するアイデンティティは、「学生」対「教育者」という社会的アイデンティティである。ここで言うコンテクストは、コミュニケーション行動の環境や背景となるものである。[2]　また、「学生」という社会的アイデンティティは、「学生でない」人との対峙によって顕著になる。しかし、講義のなかでB氏が例とし

[1]　Wetherell, M. (2010) The field of identity studies. In M. Wetherell & C. T. Mohanty (Eds.), *The Sage handbook of identities* (pp. 3-26). London: Sage.

[2]　末田清子（2011）「第9章：コミュニケーションの場と背景：コンテクスト」末田清子・福田浩子（編）『コミュニケーション学：その展望と視点　増補版』松柏社 p. 125.

て挙げたクラシック音楽をA氏も好んで聴く、つまり両者が「(クラシック)音楽好き」という個人的アイデンティティを共有していることがわかった。出席カードの裏に書くフィードバックに、A氏は、「B氏と同じようにクラシック音楽が好きだ」というコメントを書いた。それを見たB氏は、数多い学生のなかでA氏とは「(クラシック)音楽好き」というアイデンティティを共有した。さらにB氏が帰宅すると、TVのニュースでイタリアについて報じていた。そのニュースのコンテクストで思い起こされるのは、B氏がイタリア人であるという社会的アイデンティティであった。このように、コミュニケーションを行っている二者が、能動的あるいは外側からの働きかけによってコンテクストを変えたり、あるいはコンテクストが変わったりしたときは、それぞれ対峙するアイデンティティが変わる。

また、「日本人」であるA氏と「イタリア人」であるB氏は、どこかで災害が起きるとボランティアに参加しているとしよう。二人とも国籍に対する思い入れよりも、ボランティアという共通のアイデンティティを大事にしていると考えられる。

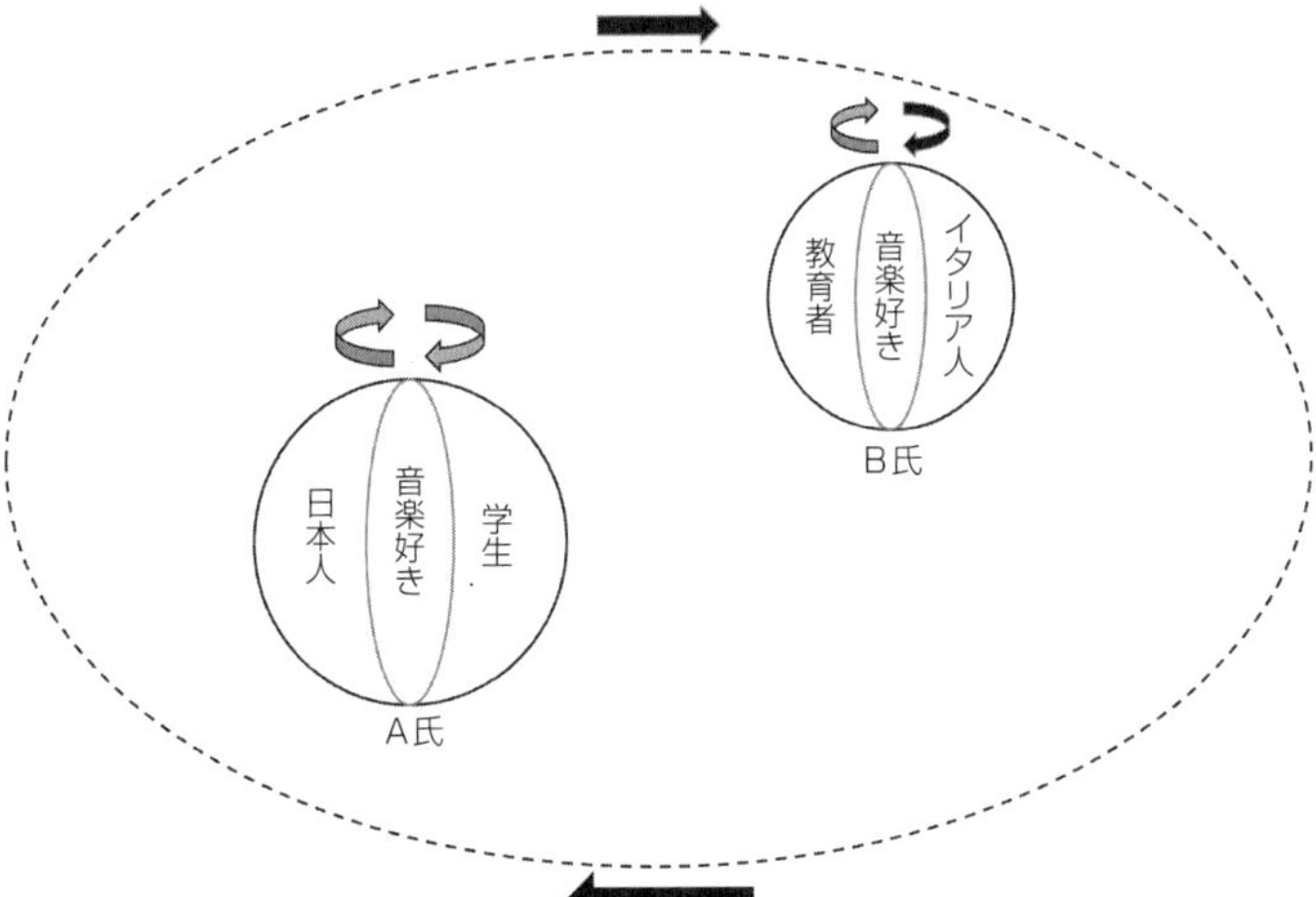

図 2-2　二者がコミュニケーションするとき

また、両者は、国籍ではなく「人類」という共通のアイデンティティを大切にしているなら、「日本人」対「イタリア人」というカテゴリーを「人類」というより大きな次元のカテゴリーである超越アイデンティティに再カテゴリー化（recategorization）することもある。[3]

一方、B氏が常にイタリア人であることを前面に出し、「イタリアでは……」という枕詞を使って学生にコミュニケーションをとろうとすると、A氏を含めた学生は皆、「日本人」対「イタリア人」という社会的カテゴリーでしかB氏との関係をとらえられなくなる。A氏は常に日本人の代表、B氏はイタリア人の代表としてコミュニケーションをとり、一個人としてコミュニケーションをとる柔軟性がないとき、**脱個人化**（depersonalization）[4]という。この状態のときは、自己および他者のもつ多面的なアイデンティティに対する気づきはなく、仮に「日本人」対「イタリア人」というアイデンティティ以外にたくさんのカテゴリーのアイデンティティをもっていても、それを活性化させることはない。

■多面的アイデンティティを活用しよう

これまでアイデンティティについて記してきたことは、コミュニケーション能力の育成のために活かせるのではないだろうか？　話題が豊富であると、円滑なコミュニケーションがとりやすい。それは自分とコミュニケーション・パートナーとの間に共

[3] Greenland, K. & Brown, R. (2000) Categorization and intergroup anxiety in intergroup contact. In D. Capozza & R. Brown (Eds.), *Social identity processes* (pp. 167–182). London: Sage/Hogg, M. A. & Abrams, D. (1988) *Social identifications: A psychology of intergroup relations and group processes*. London: Sage.

[4] Brown, R. J. & Turner, J. C. (1981) Interpersonal intergroup behavior. In J. C. Turner & H. Giles (Eds.), *Intergroup behavior* (pp. 33–65). Oxford: Basil Blackwell.

有しているアイデンティティや共感できるアイデンティティが存在するからである。同様に、常に自分と相手のアイデンティティの共通項を敏感に察知し、また相手がもつ多面的なアイデンティティに心を配り、自分と共有している、あるいはお互いに共感的になれるアイデンティティにシフトすること[5]によって、私たちはコミュニケーション能力を高めることができるのではないだろうか？

ビジネス・シーンで同僚とのコミュニケーションがうまくいかないときも、共通のアイデンティティを意識してコミュニケーションをとることによって、ネガティブにとらえられていた相手のアイデンティティをよりポジティブに評価し、その結果良い業績を達成することができるのではないだろうか？　石黒は、アイデンティティということばを使わずに、コンテクスト・シフティング（context shifting）と呼び、以下のように述べている。

「多くの人びとが、現象を理解する際、ほぼ無意識のうちに、特定の限られたコンテクスト（物理的環境、社会・文化的な規則、規範、当事者間の共有知識や対人関係など）のなかで現象を単純化、矮小化して解釈してしまうことがある。場合によっては、否定的な解釈が前景化され、その結果、不信感、摩擦、対立、そして紛争につながっている。[6]」

"Who are you?" Test 「あなたは誰だろう？」テスト

あなたは（　　　　　）.

あなたは（　　　　　）.

あなたは（　　　　　）.

あなたは（　　　　　）.

あなたは（　　　　　）.

あなたは（　　　　　）.

あなたは（　　　　　）.

図 2-3 「あなたは誰だろう？」テスト

[5] 石黒武人（2016）「現象の多面的理解を支援する「コンテクスト間の移動」に関する一試論：グローバル市民性の醸成に向けて」『順天堂グローバル教養論集第1巻』32-43. 参照。石黒氏はアイデンティティということばではなく、コンテクスト間の移動（context shifting）ということばを使って

この文章の「コンテクスト」をアイデンティティに置き換えても通用する。図2-3は、図2-1の「私」の部分を「あなた」に置き換えたものである。以下の質問に答えてみよう。

エクササイズ

1 教室あるいはオフィスの誰かとペアを組んでみよう。
2 図2-1と図2-3をそれぞれ用意して、書きこんでみよう。
3 自分が書いた自分のアイデンティティと他者から見た自分のもつアイデンティティを比較してみよう。
4 自分が気づかなかった自分のアイデンティティや、他者が認識できなかった自分のアイデンティティにどのようなものがあるだろうか?

このエクササイズをすることで、自分が自覚しているアイデンティティと相手が自分について認識しているアイデンティティがどのように違うかがわかるだろう。また、その逆で、パートナーを組んだ相手が、自分では想像もつかなかったアイデンティティをもっていることに気づいたかもしれない。それが自分をあるいは相手をより深く理解する大きなチャンスとなるので、その多面性を利用してコミュニケーションを行うことが大切である。

いる。また、東海大学の山本志都氏は、コンテクスト・シフトのエクササイズも考案している。

[6] 石黒武人 (2016) 同右 p. 33.

2-6

アイデンティティのカテゴリー

――カテゴリーそのものへの意識を高めよう

さらにコミュニケーション能力を高めるために必要なこととして、前項のエクササイズで書き出したカテゴリーそのものに対する意識を高めよう。

■カテゴリーの幅

まずは、ライカーたち[1]が述べるように、カテゴリーというもの自体が相対的なものであることを意識しなければならない。たとえば、社会心理学者も社会学者もお互いを違うカテゴリーに入るものだと思っているが、多くのビジネスパーソンが一堂に会する場所に両者が現れた場合には、どちらも同じ学者というカテゴリーに所属することになる。

次に、自分が思い描くカテゴリーの幅を意識しなければならない。グディカンストとキム[2]によれば、カテゴリーの幅が狭い人は同じカテゴリーのなかの差異への耐性がないのに対し、カテゴリーの幅が広い人は同じカテゴリーのなかの差異を許容する傾向があるという。さらに、カテゴリーの幅が狭い人は、自分の行動とは違う行動を別のカテゴリー（あるいは文化）の人がとると、自分のもつ物差しで相手の行動を評価

[1] Reicher, S., Spears, R. & Haslam, S. A. (2010) The social identity approach in social psychology. In M. Wetherell & C. T. Mohanty (Eds.), *The Sage handbook of identities* (pp. 45–62). London: Sage.

[2] Gudykunst, W. B. & Kim, Y. Y. (1984) *Communicating with strangers: An approach to intercultural communication*. New York: Random House. を参照。

し、否定的な結果をそのカテゴリーからくるものと決めつける傾向がある。しかし、カテゴリーの幅が広い人は、自分の行動と違う行動を、違うカテゴリー（あるいは文化）の人がとっても、それは必ずしも相手のカテゴリーからくるものではないかもしれないとして、判断を保留する傾向があるという。

たとえば、図2－4では、マンゴー国の人というカテゴリーの幅が狭い人と、広い人がいる。たとえば、マンゴー国の人が商談に来て、いざ始まったと思ったら、15分くらい商談とはまったく関係のない個人的な話を始め、予定の時間に終わらずかなり予定が変わってしまったとしよう。カテゴリーの幅の狭い人は、それを「マンゴー国の人は時間に寛容であるのはよいが、ルーズでもある」から最初の15分は商談とまったく関係のない個人的な話をしたと結論づける。それに対し、カテゴリーの幅の広い人は、「最初の15分くらい商談とはまったく関係ない個人的な話をしたのは、何か重要な理由があるかもしれない」と判断を保留するということになる。実際、商談にいきなり入るのは、人間関係を軽視した行動だととらえる文化圏もある[3]。

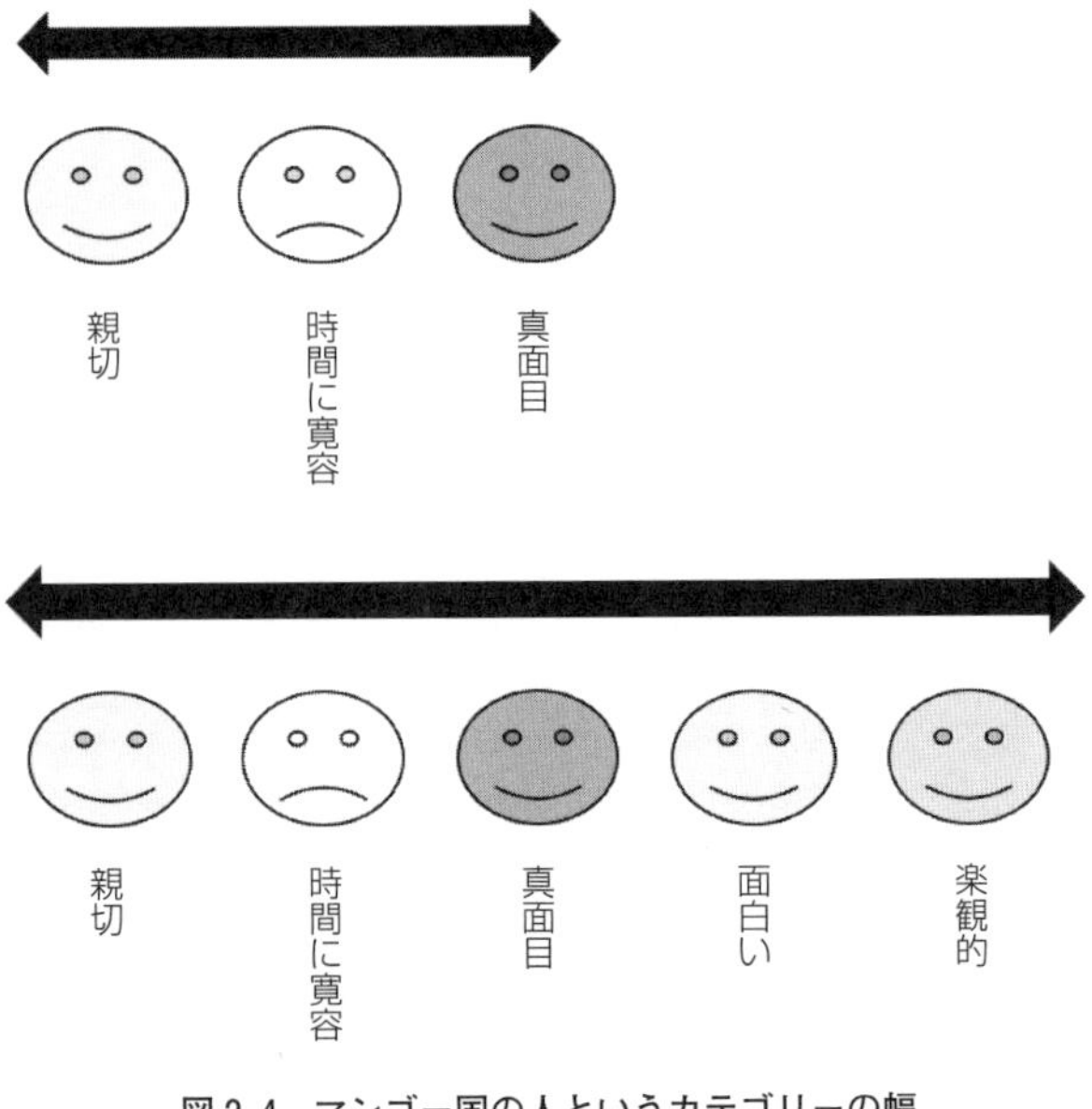

図 2-4　マンゴー国の人というカテゴリーの幅

カテゴリーの幅の狭さが、誤った判断を生む可能性もある。1993年のイギリス（英国をイギリスと記す）で起こったジェームズ・バルガー事件[4]は、年長の少年二人が犯人であった。ジェームズ・バルガーは年長の二人の少年に連れられていたが、周囲の人びとは、年長の二人もバルガーも同じ家族内の成員だと思い、二人の少年を疑うことはなかった[5]。その一つの要因は、「犯人」というカテゴリーが示すプロファイルの幅の狭さであり、少年は「犯人」というカテゴリーには入っていなかったと言えよう[6]。

また、最近、**ヒューマンライブラリー**（Human Library）という活動が日本でも盛んになってきている[7]。ヒューマンライブラリーは、偏見を抱かれやすい人が本となり、その本を参加者が「借り出す」ことによって運営される。一対一あるいは数名対一人というかたちで、借り手が本に質問したりすることによって本に対する理解を深めていく。たとえば、「性的マイノリティ」であると称した本を借り出し、その本と対話することで、借り手は自らがもつ固定的な「性的マイノリティ」というイメージを脱却し、何らかの性的指向をもつ自らと何ら変わりがない存在として受けとめるようになりうる。そして「性的マイノリティ」と「性的マイノリティではない人」の差異が顕著なものではないととらえられるようになれば、○○さんを「性的マイノリティ」としてとらえることもなくなる。つまり、これが**非カテゴリー化**（decategorization）[8]である。

[3] Berglund, J. (2015) *Time (Chronemics) The Sage encyclopedia of intercultural communication, 2.* (pp. 800-802). Thousand Oaks, CA: Sage.

[4] Smith, D. & Sueda, K. (2008) The killing of children by children as a symptom of national crisis: Reactions in Britain and Japan. *Criminology & Criminal Justice, 8*(1): 5-25. doi: 10.1177/1748895807085867 に詳述されている。バルガーは事件当時2歳であった。

[5] Levine, M.(1999) Rethinking bystander nonintervention: Social categorization and the evidence of witnesses at the James Bulger Murder Trial. *Human Relations, 52*(9): 1133-55. https://doi.org/10.1177/001872679905200902

[6] Levine, R. M. (1999) 前掲論文／Masuzoe, Y. (Ed.) (2000) Years of Trial Japan in the 1990s. Japan Echo.

■一つのカテゴリーのアイデンティティに隠れるとき

多面的アイデンティティの意識をもつことは、本来の自分、そしてありたい姿の自分に立ち戻らせてくれる可能性を示唆する。人はときとして、本人の意思に反して一つのカテゴリーのアイデンティティに支配されてしまうことがある。

シャーマズ[9]は、患者がこれまで生きてきた時間軸を変えて「現在」に集中し、病いや治療や養生に専念し、患者というアイデンティティに集中して生きることを、以下のように「一日ずつ生きる」と表現している。

> 「一日ずつ生きることは、病いと毎日向き合うことを意味する。しかし、一度に一日ずつである。人びとがそうするとき、未来の計画や通常の仕事や趣味といった活動まで一時的に中止状態になる。多くの人にとって、一日ずつ生きることは彼らの虚弱を暗黙に認めることになる。
>
> 一日ずつ生きることは、また、打ち砕かれた希望や満たされない期待に打ちのめされることなく、人びとを病い、治療、そして養生に集中させる。このスタンスをとることは、毎日機能できるようなガイドラインを提示し、ある種のコントロール感を与える。現在に集中することで、人はさらなる障害や死について考えることを避ける、あるいは最小限にとどめることができる。[10]」。

[7] 横田雅弘 (2018)「ヒューマンライブラリーという図書館：新しい図書館のかたち」『情報の科学と技術』68(1), 19-24. および、坪井健 (2017)「ヒューマンライブラリーから見た異文化間能力：コンピテンシーを育てる実践の立場から」『異文化間教育』45, 65-77.

[8] Brewer, M. B. & Miller, N. (1984) Beyond the contact hypothesis: Theoretical perspectives on desegregation. In N. Miller & M. B. Brewer (Eds.), *Groups in contact: The psychology of desegregation* (pp.56-289). New York: Cambridge University Press.

[9] Kathy Charmaz は構成主義的グラウンデッドセオリーの代表的社会学者で、GTA (Grounded Theory Approach) の第二世代の研究者である。

「患者」というアイデンティティをもつことで他のアイデンティティではコントロールできない自分が、「一日ずつ生きる」ことで自分をコントロールできるような心もちになれる。そして、そのことにより他のアイデンティティをもつ自分や、将来という時間軸をもつ自分を「患者」というアイデンティティに隠すことが可能となる。

患者のアイデンティティについて理論構築をしたシャーマズが、皮肉にも病いの淵にあった。[11] 同僚と私を含むグラウンデッドセオリーに関わる者たちに「最後」ということで、2020年5月29日付のメールが送られてきた。そこには今からホスピスへ行くことと、私たちに対する深い感謝の念が示されていた。キャシー・シャーマズというグラウンデッドセオリーを核に大きな業績を残した研究者は、最後の最後まで一人の研究者としてだけではなく、一人の人間として私たちに対等に向き合ってくださった。その尊い生き方に改めて敬意を表したい。

[10] 平山修平（2008）「第6章 グラウンデッドセオリー研究における理論の再構築」K・シャーマズ／抱井尚子・末田清子（監訳）『グラウンデッドセオリーの構築：社会構成主義からの挑戦』ナカニシヤ出版 p. 156.

[11] 残念なことに、キャシー・シャーマズ先生は2020年7月27日にご逝去なさった。謹んでご冥福を祈る。

3 アイデンティティの顕在化・潜在化
――アイデンティティはいつどのように顕かになるのか？目立たなくなるのか？

筆者には、ナショナル・アイデンティティ（どの国の人であるという社会的アイデンティティ）があまりにも高揚するからと、オリンピックを嫌う友人がいる。確かに、オリンピックは参加国を代表する選手が競うものであり、そのコンテクストが国籍に基づくアイデンティティを顕著にする。

他方で、ある特定のアイデンティティを顕在化させる内的な要因もまたあると考えられる。アメリカ留学時のクラスメイトの一人が、「私の母は日本人なの」と我が家に遊びに来たときに言った。彼女の姓も名も東洋的ではなかったので、私が「知らなかったわ」と言うと、「だって、母は無学な人なので、言いたくなかった」と言った。そのことで、彼女は自分の内にある「日本人」の部分を顕在化させたくなかったのかもしれない。

第2章では、個人がもつ多面的なアイデンティティについて述べた。第3章では、アイデンティティのうち、どのアイデンティティがどのようなときに顕在化するのか、その外的要因と内的要因についてみてみよう。

3-1 アイデンティティの顕在化
――状況によって顕在化するアイデンティティ

■数

コリエーとトーマス[1]は、特定のアイデンティティが顕在化する外的要因を三つ挙げている。まず、アイデンティティが包括する人の数（scope）である。たとえば、大学3年生は4年生に進級する年の3月には、就職活動で忙しくなる。学部の特性や時代にもよるが、大学院の試験を受験する人よりも一般企業に就職することを希望する3年生が多く、数の上からは「就活生」というアイデンティティをもつ人が顕在化しやすい。一方、数が少ないために特定のアイデンティティが顕在化することもある。1990年代の半ばにアメリカに留学した教え子[2]が留学を終えて帰路につき、ついでにヨーロッパを旅行して帰国した。その途中で筆者に出してくれた絵葉書に、以下のように記されている。

「… ポーランドでは人びとにジロジロ見られながらも、いくつか大きな街を訪れては、そのたびに長い歴史を感じています。日本人もさすがにポーランドではほとん

［1］ Collier, M. J. & Thomas, M. (1988) Cultural identity: An interpretive perspective. In Y. Y. Kim & W. B. Gudykunst (Eds.), *Theories in intercultural communication* (pp.99-120). Newbury Park, CA: Sage.

［2］ 当時、札幌の北星学園大学からアメリカの大学に留学した木内涼子さん（現在の姓は柏倉）からの絵葉書で、1995年6月28日の日付となっている。

ど見かけません。……」

つまり、ポーランド人のなかで希少な日本人というアイデンティティは顕在化しやすく、注目の的になったのである。

■顕著性

二つめの要因は顕著性（salience）である。第2章の図2-2「二者がコミュニケーションするとき」をもう一度見てほしい。オリンピックでそれぞれの国を代表するアスリートについて話しているとしよう。そのとき、A氏にとっては日本人、B氏にとってはイタリア人というアイデンティティのほうが「音楽好き」というアイデンティティよりも顕著性がある。しかし、会話のトピックが音楽であるとき、「音楽好き」というアイデンティティのほうが国籍に基づくアイデンティティよりも顕著性がある。そして、A氏がB氏の出した課題について質問するときは、「教員」と「学生」というアイデンティティが浮き彫りになる。

■強さ

三つめの要因は強さ（intensity）である。あるアイデンティティがある場所では強化されなかったのに、別の場所で強化されることがある。たとえば、日本の公立学校で教える外国語指導助手（ＡＬＴ）[3]のなかには、本国でそれほど意識していなかったアイデンティティが来日して強化されることがあるという。浅井[4]は外国人指導助手にどのようなアイデンティティの揺らぎがあったかに関する研究を行った。そのなかで、日系一世の父と中国系一世の母をもつトモコは、アメリカにいるときは差別を受けた経験がないが、「アジア系」であることを認識することになった。日本人教員から、外見的には「アメリカ人」と認識されないトモコは、「アメリカ人らしく」振る舞い、「アメリカ人らしい」姓を使って教えるよう強く勧められたのである。「典型的アメリカ人」であるほうが、生徒にわかりやすいというのであった。トモコは典型的アメリカ人であることを押し付ける態度に抵抗感を覚え、「自分の考えや意見を自由に声にして、自分の創造性を表現する」[5]アメリカ人である自分を、以前よりもずっと強く意識するようになったという。

　もちろん、数、顕著性、強さの三つの要因には相互作用があり、複合的に作用する場合もあると考えられる。

[3]　CLAIR (2015)「JETプログラム」jetprogramme.org/ja/about-jet/(2019/03/05) によると、JETプログラムは、「語学指導等を行う外国青年招致事業」(The Japan Exchange and Teaching Programme) の略称で、地方自治体が総務省、外務省、文部科学省および一般財団法人自治体国際化協会（CLAIR）の協力の下に実施している。それだけに限らないが、海外から招致した青年たちは、さまざまな地域の小学校、中学校、高等学校で外国語指導助手（Assistant Language Teacher 略称ＡＬＴ）となって英語教育の補佐をしている。

[4]　浅井亜紀子 (2006)『異文化接触における文化的アイデンティティのゆらぎ』ミネルヴァ書房

[5]　同右 p. 66.

3-2

アイデンティティと言語シンボル

——顕在化し境界をつくる言語

それでは、特定のアイデンティティが顕在化するのは、どのようなときであろうか？　それは、その集団や社会のシンボルが他の集団や社会のシンボルと明白に区別されるときである[1]。

第1章で学んだように、シンボルには言語シンボルと非言語シンボルがある。ある言語を使うことで、その人がどこの出身（国や地方）かがわかるし、そのことばを頻繁に使うことによって、その国や地域のアイデンティティとそれ以外のアイデンティティの境界線が明白になる。

スペインではさまざまな土着言語が公用語とされている。一般的に私たちがスペイン語と称するものはカスティージャ（カスティーリヤ）語であるが、他の公用言語のなかで話者が多いのがカタルーニャ語である[2]。建築家ガウディはカタルーニャ地方で生まれ、カタルーニャ語にかなり強い拘りがあったようだ。警官に呼び止められて質問を受けた際に、カスティージャ語での返答を求める警官に、カタルーニャ語で答え、一日留置場に置かれたというエピソードがある[3]。

[1]　末田清子（2011）「第4章　文化に対する視点の多様化」末田清子・福田浩子（編）『コミュニケーション学：その展望と視点　増補版』（pp. 57-74）松柏社。この箇所はpp. 67-68.

[2]　川上茂信（2009）「スペインにおける言語状況と言語教育」『平成18－20年度科学研究費補助金「拡大EU諸国における外国語教育政策とその実効性に関する総合的研究」研究成果報告書』pp. 211-224.

[3]　朝日新聞『聞蔵Ⅱビジュアル』（2017/10/30）「天声人語　カタルーニャ語とガウディ」http://database.asahi.com.hawking1.agulin.aoyama.ac.jp/library2/main/top.php（2019/03/05）、そして田澤耕（2011）『ガウディ伝：「時代の意志」を読む』中公新書に詳しい。

イギリス[4]のウェールズ語はどうであろうか？　１９９３年ウェールズ言語法でウェールズ語は英語と同等の地位であると規定され、法廷でも使われており、現在では、看板などは英語とウェールズ語の両方で表記されているという。[5]　２０１２年に朝日新聞[6]が栃木県出身でイギリスの西部ウェールズに43年間在住する島崎さんという日本人男性がカーディガン町の議会議員になったことを報じた。島崎氏は地元でJack Bara Caws と名乗る。Bara Caws はもともとウェールズ語でパンとチーズを意味し、合わせて「おかげさまで元気です」を意味するそうだ。１９７０年代に島崎氏が開いたカフェがイギリスからの分離独立を求めるウェールズ民族党の活動拠点となった。もともと島崎氏は日本語を教えていたが、仲間に懇願されて民族党から立候補したそうだ。地元の新聞[7]はウェールズ語話者である日本人の島崎氏が１９９６年に長い年月を経て永住ビザを取得したことや、その申請が地元カーディガンの１２００人の人たちの署名をつけた嘆願書に後押しされたことを報じている。

この二つの事例に共通しているのは、ある特定のアイデンティティを保持するグループのシンボルとなることばが、そのアイデンティティをもつ「我々」（we）とそれとは区別される他のグループに所属する「彼ら」（they）とを明確に分けるということである。つまり境界線の浸透性（permeability）は極めて低く、一つのグループから別のグループへの移動は難しい（図３-１）。

他方では、この境界線の明白さは、いったん顕著なシンボルを取得したメンバーに

[4]　正式にはUnited Kingdom（英国）を意味する。分かり易さから本文及び註でイギリスと記す。

[5]　Huws, C. F. (2006) The Welsh language act 1993: A measure of success? *Language Policy, 5*: 141-160. doi: 10.1007/s10993-006-9000-0 参照。

[6]　朝日新聞『聞蔵Ⅱビジュアル』(2012/06/12)「（ひと）島崎晃さん　英国ウェールズの「独立」を掲げて町議に当選した」http://database.asahi.com.hawking1.agulin.aoyama.ac.jp/library2/main/top.php (2019/03/05)

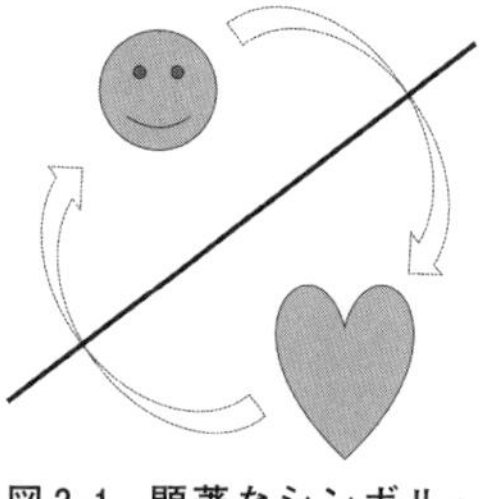

図 3-1　顕著なシンボル・明白な境界

とっては、確固とした包摂をも意味する。カーディガンにおいて、島崎氏はウェールズのコミュニティには欠かせないウェールズ語を身につけた。もちろん、ご本人の総合的な異文化適応力によるところも大きいと思うが、日本人である島崎氏がウェールズのシンボルであるウェールズ語を獲得し、カーディガンという町の一員になった。つまり、ウェールズのコミュニティを特徴づけるウェールズ語を習得したことで、浸透性の低い境界を越えたのである。

逆にある集団と別の集団のシンボルの違いがあまりないときは、浸透性が高く、お互いの集団への移動が簡単である（図3-2）。たとえば、首都圏[8]で生まれた新方言は、それを使っている者からすると方言としてとらえられず、共通語化する傾向があるという。たとえば、「ヒッツァク（引き裂く）」「オモシレェ（おもしろい）」「カタス（片付ける）」などの東京の伝統方言形に対して、使用しない人は「方言」と認識するが、使用する人は「俗語」と認識するという。方言と共通語の切り替え意識が希薄であるために、方言だとわからずに使用してしまうことがあるという。

つまり、流動性・移動性の高い首都圏では、何世代にもわたって首都圏にいる人たちもいれば、つい最近定住するようになった人たちもいる。首都圏とそうでない場所を区別するシンボルとしてのことばが際立っておらず、両者への移動が容易になったと考えられる。

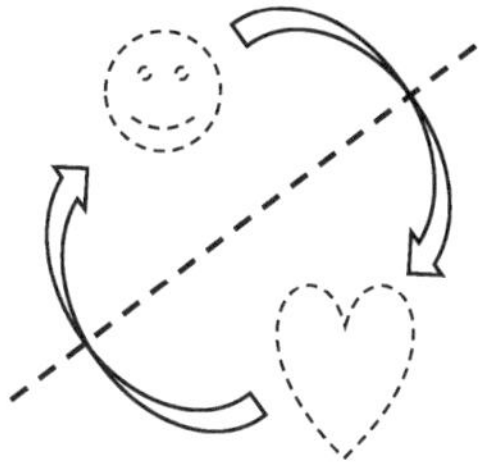

図3-2　目立たないシンボル・不明瞭な境界

［7］Carmanthan Journal（2009.08.05）Visa success-after 29 years. https://search.proquest.com/docview/241868242?accountid/8333（2019/03/05）

［8］首都圏の定義もさまざまであるようだ。鑓水兼貴（2014）「「首都圏の言語」をめぐる概念と用語に関して」『国立国語研究所論集』8, 197-222. http://doi.org/10.15084/00000549 を参照。

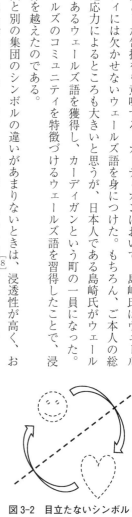

3-3 アイデンティティと非言語シンボル
――シンボルとしての洋服・制服・徽章

特定のアイデンティティが顕在化するのに、非言語シンボルも大きな役割を果たす。筆者の通った私立の中学校・高等学校は校章だけは身につけることになっていたが、制服をおよそ50年も前に廃止した。学校のモットーは自由であり、TPOに合わせて自分の判断で自分がふさわしいと思う服装をするよう教えを受けた。当時、筆者と姉と従姉の三人で通学しており、姉と従姉が通っていた学校にはそれぞれ制服があった。中学生で制服を着ていない学生が電車通学していることは珍しく、筆者も小学生ではなさそうに見えたらしく、たまにジロジロを見られることがあった。

もし仮に筆者が姉の学校までついて行ったとしたら紛れ込むのはとても難しかっただろう。しかし、別の制服であるものの従姉の学校には制服があり、従姉が姉の学校に紛れ込むのは筆者ほど難しくなかったであろう。つまり、制服のない学校と制服のある学校の境界線は浸透性が低いのに対して、制服のある学校同士の境界線はその浸透性が高いのである。

最近、「なんちゃって制服[1]」というものがある。私服登校の学校で、どこの制服に

[1] Weblio (2019) https://www.weblio.jp/content/ なんちゃって制服 (2019/03/06) 学校の制服を模したデザインで、さらにおしゃれなアレンジが加えられた市販の普段着を意味する語。あくまでどこかの学校が指定する制服のことではない。制服の指定されていない私服登校の学校などで「なんちゃって制服」を着る生徒が多い。

も指定されていない市販の服を制服のように着こなす服を「なんちゃって制服」と呼ぶそうだ。制服がないのに制服のように見える服をわざわざ着るというのは、学校には制服というシンボルがつきものであることを示唆しているようだ。

学生だけではなく、徽章を身に着けている社会人は、その徽章を身に着けていることによって、他社の社員と区別することができるようになる。企業は、自分たちの企業はどのような企業なのか、どのような存在価値があるのかという経営理念をもっている。その理念を具体的に顧客に理解してもらうために、理念やビジョンをことばで示すだけではなく、ロゴや色などの非言語シンボルをイメージづくりのために発信している[2]。たとえば、どの銀行でも似たような金融商品を売っているが、色などで他行と区別し、独自のイメージをつくろうとしている。

浸透性が低い非言語シンボルの例として、イスラム教徒の女性が身につけるスカーフ、あるいはヒジャブ[3]がある。これは女性の美しい髪や胸部を隠す慎み深さ、謙虚さ、イスラム教徒であることを示す証しである[4]。スカーフの着用は一目でイスラム教徒であることを示し、イスラム教徒ではない人と一線を画す。しかし、一説によれば、スカーフ着用は多文化との交流のなかで女性のイスラム教徒の習慣として定着したと言われている。しかも、スカーフ着用は多義的であり、神への忠誠心や本物のイスラム教徒であることの証しでもあり、西洋的規範への反抗心や、現行の政治体制への不満の表れ、もしくは革命の意図の象徴でもあるという。さらに経済的に裕福であ

[2] 井上邦夫（2012）「コーポレート・アイデンティティ再考」『経営論集』（東洋大学）80, 73-86.

[3] ヒジャブとは「イスラム女性が外出する際、髪から首までをすっぽり隠すためのスカーフ。ヘジャブとも」と『現代用語の基礎知識』（自由国民社 2018）https://japanknowledgecom.hawking1.agulin.aoyama.ac.jp/lib/display/?lid=500202018114500 にある（2019/03/06）。末田清子（2011）「第4章 文化に対する視点の多様化」末田清子・福田浩子（編）『コミュニケーション学：その展望と視点 増補版』（pp. 57-74）松柏社の注48（p. 69）では地域によって呼び名が違うことが説明されている。スカーフ、チャドル、ニカブ、ブルカ等いろいろ呼称があるようだが、ここではより包括的な呼称としてヒジャブとする。

[4] 末田清子（2011）「第4章 文化に対する視点の多様化」末田清子・福田浩子（編）『コミュニ

ることや、謙虚で控えめであり、性的対象にならないことを表明するものでもある。または、都市化の証し、衣服にかける費用の削減、そして家庭的であることも意味する。[5]

スカーフ着用をめぐる宗教論争は、２０００年に入った頃から見られるようになった。[6] フランスの「スカーフ問題」は、政教分離を国是とする公立学校で、イスラム女学生のスカーフ着用を認めるべきか否か、繰り返し論争が起こった。表向きは教育の現場での政教分離を徹底させるということであったらしい。またフランスでは、スカーフが女性の自由を奪うものであるとして、この論争がより複雑なものになっている。アメリカではこれを、単なるスカーフの問題ではなく、イスラム教をフランスでもっと受け入れやすいものにするという流れだとして報道されている。[7] その後も欧州の各国で、このスカーフ論争は多文化主義と自国第一主義の拮抗を示すシンボルになりつつあり、公の場でスカーフを着用することを許容するのは多文化主義を支持するグループであり、公の場でスカーフの着用を禁止するのは多文化主義を支持しないグループという分断が起きている。

日本ではどうであろうか？　ＥＰＡ[8]で来日したインドネシア人が看護師の資格試験を受けるときに、監督者が不正防止のため、スカーフをめくりあげて確認したことが「宗教に対する配慮に欠けるものだ」として新聞に取り上げられていた。[9] また、移民二世、つまり両親がインドネシア人で、日本に移民した一家の二世は、イスラムの戒

ケーション学：その展望と視点増補版』(pp.57–74) 松柏社 p.69.

[5] Jackson, K. E., Monk-Turner, E. (2015) The meaning of hijab: Voices of Muslim women in Egypt and Yemen. *Journal of International Women's Studies, 16* (2), 30-48.

[6] 『朝日新聞』(2003/12/20) 天声人語「フランスでスカーフめぐる宗教論争」(朝刊1面)

[7] Knight Ridder Tribune News Service (2004, May 5) Wave of anti-Muslim legislation in Europe has broad support. Washington. https://search.proquest.com/docview/456603361?accountid=8333 (2019/03/12)

[8] ＥＰＡ (Economic Partnership Agreement: 経済連携協定) とは「貿易の自由化に加え、投資、人の移動、知的財産の保護や競争政策におけるルールづくり、

律をゆるやかに守りつつも、地元の小学校に通っていた。夏休みはジャカルタの母の実家で過ごし、二つの文化を存分に吸収して育った二世のある若者は、好きな帽子とスカーフを組み合わせて楽しむという。彼女はスカーフをあえてイスラム教の象徴としてではなく、慎み深さとしてファッションに取り入れ、「モデスト・ファッション」としてSNSで発信している。肌を出さないイスラム教徒の控えめなファッションが、名前を変えることで宗教に縛られない考え方のシンボルとなり、モデスト・ファッションは欧州などでも市場を拡大しているという[10]。

イスラム教徒の女性にとって、スカーフを着用することは他のアイデンティティをもつ人たちと一線を画す行為である。しかし、浸透性が低かったはずのスカーフが宗教色よりはファッション性を帯びることで、イスラム圏以外の世界に伝播することになっているのは興味深い。

さまざまな分野での協力の要素等を含む、幅広い経済関係の強化を目的とする協定」（外務省、2019年3月1日）https://www.mofa.go.jp/mofaj/gaiko/fta/index.html（2019/03/12）のことである。

［9］『朝日新聞』（2018/02/24）「イスラム女性のスカーフをめぐる　看護師試験の監督員　委託の厚労省『宗教上配慮欠く』」（朝刊38面）

［10］『朝日新聞』（2019/02/21）「（移民2世をたどって：5）日本ムスリム新時代」（夕刊2面）

3-4

自尊心とアイデンティティ調整

――特定のアイデンティティが顕在化する内的要因

本章ではここまで、どのような状況でアイデンティティが顕在化するのか、そのアイデンティティが顕在化するシンボルにはどのようなものがあるかについて述べてきた。ここでは、特定のアイデンティティが顕在化する内的要因に焦点を当てよう。内的要因のなかで、この項では**自尊心**（pride）がどのようにアイデンティティ調整に関わるかについて見ていきたい。なお、ここで言う自尊心は、虚栄心ではなく、自分が自分であることを受容あるいは容認するということであり、6章で詳述するシェフ[1]に即した考え方である。

ある特定のアイデンティティが顕在化するのは、それが自尊心を高めるからである。逆に言うなら、人は自分の自尊心を保つようにアイデンティティをもち、ときにはそれを顕在化させる。石川[2]は、自尊心を保つ方略として四つ挙げている。

まず、社会のなかで否定的に位置づけられているアイデンティティを隠すことである。最近、頻繁に「カミングアウト」ということばを聞く。カミングアウトの意味は、広義において、「公表すること。人に知られたくないことを告白すること」であ

[1] たとえば、Scheff, T. J. (1997) *Emotions, the social bond, and human reality: Part/whole analysis*. Cambridge: Cambridge University Press. を参照。

[2] 石川准（1992）『アイデンティティ・ゲーム：存在証明の社会学』新評論

る。[3]

つまり知られたくないことを隠していて、それを公表するということである。そしてその知られたくないことというのがマイノリティというカテゴリーと結びついてしまっていることがわかる。[4]

二つめの方略は、否定的に評価されているアイデンティティを再定義することである。2016年芥川賞受賞作品『コンビニ人間』[5]に、以下のようなくだりがある。

「なぜコンビニエンスストアでないといけないのか、普通の就職先ではだめなのか、私にもわからなかった。ただ、完璧なマニュアルがあって、「店員」になれることはできても、マニュアルの外ではどうすれば普通の人間になれるのか、やはりさっぱりわからないままなのだった。（中略）

眠れない夜は、今も蠢いているあの透き通ったガラスの箱のことを思う。清潔な水槽の中で、機械仕掛けのように、今もお店は動いている。その光景を思い浮かべていると、店内の内側に蘇ってきて、安心して眠りにつくことができる。

朝になれば、また私は店員になり、世界の歯車になれる。そのことだけが、私を正常な人間にしているのだった。」

この本の主人公は、仕事も家庭もある同窓生や、家族からも「普通ではない」と見

［3］ JapanKnowledge（2019）「カミングアウト」https://japanknowledge-com.hawking1.agulin.aoyama.ac.jp/lib/display/?lid=2001003601950（2019/03/12）

［4］［3］で狭義において性的マイノリティのカテゴリーが挙げられている。

［5］ 村田沙耶香（2018）『コンビニ人間』（pp. 26-27）文藝春秋

られている。しかし、その「普通ではない」主人公は、コンビニで働くことによって、平等感を感じるようになる。「普通ではない」自分を肯定できなかったが、コンビニで働くことによって、「正常な部品」つまり「普通」である自分を実感し、自己を肯定できるようになった。まさに、自分自身を再定義することによって自尊心は保たれるのである。

三つめの方略は、能力を高め資格を取得して、今所属している集団より社会的な評価の高い集団に所属することである。たとえば、第一志望の大学に不合格になったために、他の大学に入学した学生が在籍しながら受験勉強し、翌年第一志望の大学に再受験する仮面浪人[6]と呼ばれる受験生がいる。学びたいこと、つまり専攻が第一志望の大学にしかなければ必然的に仮面浪人にならなければならない場合もあると思う。しかし、第一志望の大学が所属する大学よりも社会的に評価が高い場合、評価のより高い大学に入る資格を獲得することで、自分に対する社会の評価や自分自身の評価を高める場合もありうるようだ。

四つめの方略は、他者を差別し、自分が所属する集団の社会的位置づけを高くすることである。たとえばある業界でのシェアが一番であるA社の社員が、同業種のB社の社員を見下すことによって、自分の社会的位置づけを高くしようとすることが例として挙げられる。

このように、ある特定のアイデンティティが顕在化するようにして人は自尊心を保

[6] JapanKnowledge（2019）「仮面浪人」https://japanknowledge-com.hawking1.agulin.aoyama.ac.jp/lib/display/?lid=200102170200（2019/03/16）

[7] 早瀬良・坂田桐子・高口央（2011）「誇りと尊重が集団アイデンティティおよび協力行動に及ぼす影響：医療現場における検討」『実験社会心理学研究』*50*(2), 135-147.

[8] 末田清子（2012）『多面的アイデンティティとフェイス（面子）』ナカニシヤ出版 p.18.に詳述。

[9] Hogg, M. A.（1992）*The social psychology of group cohesiveness: From attraction to social identity*. New York: New York University Press.〔M・A・

つわけであるが、自分のもつ特定のアイデンティティに自尊心をもち、それが周りからも尊重されると、より良い協働が生まれ、職務上のパフォーマンスが向上することもわかった。医療機関は、質の高いサービスを提供することを期待されている。質の高いサービスを提供するために、医療従事者が自分の職種に自尊心をもち、また勤務する病院に強い思い入れをもつことが質の高いサービス提供につながっていることがわかった。[7]

それでは、どのようなときに特定のアイデンティティに思い入れをもったり、別のアイデンティティへの思い入れに移行したりするのだろうか？　あるアイデンティティが侵害されたり、脅威にさらされると、そのアイデンティティ以外のアイデンティティに思い入れをもつようになる。[8] つまり、別のアイデンティティに思い入れをもつことで自尊心を保持しているのである。たとえば職業人として致命的な大失敗をして職業人としてのアイデンティティが脅威にさらされた場合、趣味の世界に活路を求めたり、一人の家庭人に戻り、家事に専念するというようなことが例として挙げられる。

また、特定のアイデンティティが脅威にさらされなくても、人は自分が所属する内集団と自分の独自性との間でアイデンティティ調整をしている。「他のすべての（内）集団メンバーとは違っているという独特な自己から、他のすべての内集団メンバーと同じであり、すべての外集団メンバーとは別のものであるという完全に非個人化され

ホッグ／廣田君美・藤澤等（監訳）（1994）『集団凝集性の社会心理学：魅力から社会的アイデンティティへ』北大路書房〕、引用は訳書 p. 115.

[10]　同右。訳書 p. 115 より、最適独自性ということばを使う。

[11]　末田清子（2012）『多面的アイデンティティとフェイス（面子）』ナカニシヤ出版の p. 19 に詳述。

[12]　末田清子(2012)同右(pp. 95–106)。また、Sueda, K. (2014) *Negotiating multiple identities: Shame and pride among Japanese returnees* (pp. 142–152). Singapore: Springer.

[13]　末田清子（2012）『多面的アイデンティティとフェイス（面子）』ナカニシヤ出版の図6–2b (p. 101) を参照。

た自己への抽象レベルまでの変動」[9]を**最適独自性**（optimal balance）[10]と言う。つまり、人は他者と比較して際立つ存在でありたいと思いつつも、他者と同じことで安全な絆を確保するのである。[11]

たとえば、帰国子女のなかには、帰国子女を受け入れた経験の豊富な小学校・中学校・高等学校に通った経験のある人もいるが、帰国子女を受け入れた経験のない学校に通った経験のある人もいる。拙著[12]のなかの調査参加者Eは、帰国後、帰国子女を受け入れた経験のない小学校に通うことになり、「帰国子女」というアイデンティティが顕著に浮き彫りになり、「『どこから来たの？』『どれくらいいたの？』『何か英語話してみて』という質問攻めにあい、友人というよりは、『珍しい者』扱いが続いた状態であった」という。中学校ではわざわざカタカナ読みで発音して、他の生徒たちと同じであること、つまり「普通」を装ったそうだ。しかし、かといってまったく個性がない人になることは嫌だったので、帰国後も英語力を私塾で磨いたそうだ。「普通でありたい」「普通でありたくない」「異質でありたい」「異質でありたくない」と、その表裏一体の心情を調査時に図3-3[13]のように表していた。

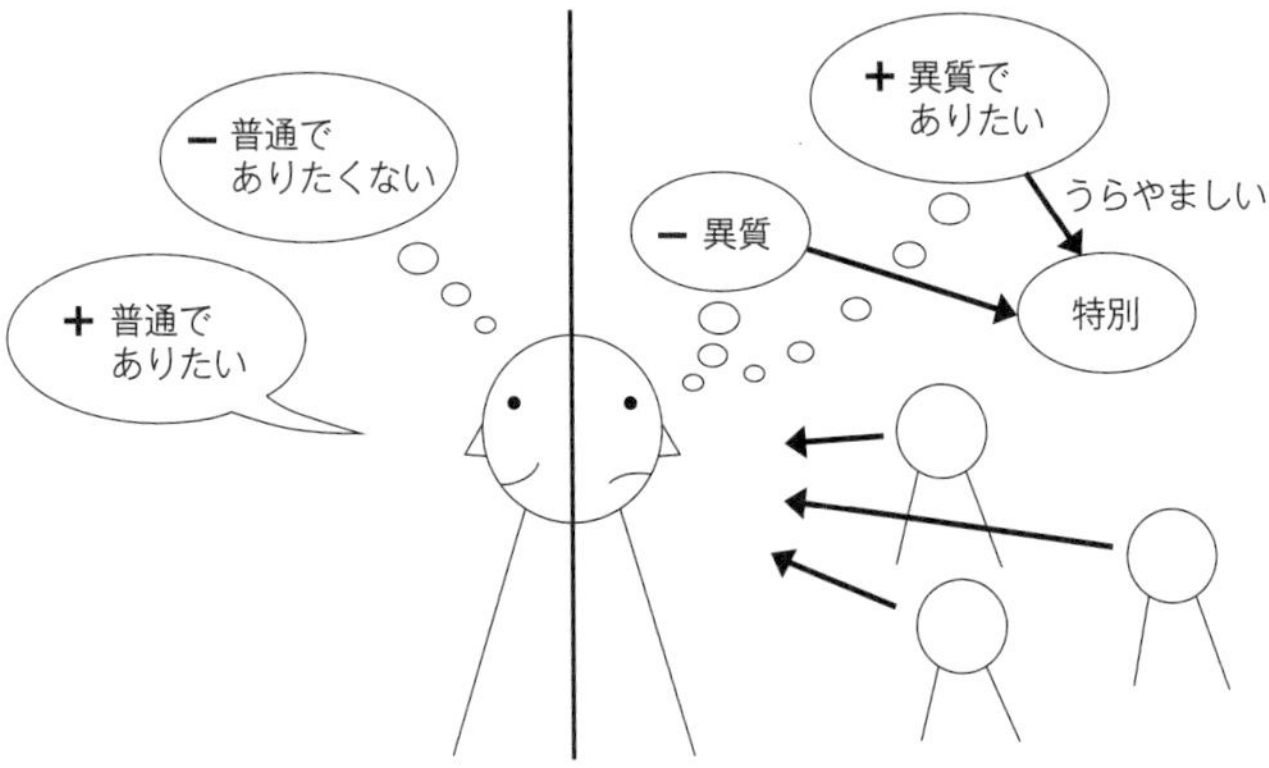

図 3-3　ある調査参加者が描いた心情

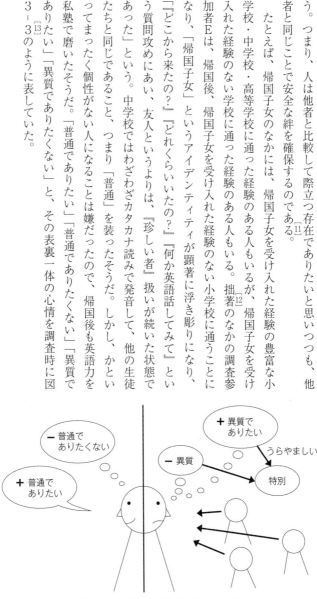

3-5 カテゴリーの変更とアイデンティティ調整
―脱カテゴリー化と再カテゴリー化

多面的アイデンティティの調整に、カテゴリーの変更はどのように関わるのであろうか？

まず、既存のカテゴリーが顕著でなくなる脱カテゴリー化がある。ブルーワーとミラー[1]は外集団のメンバーが多様であることを認識し、また外集団のメンバーと個人的に親しくなることで外集団と内集団の類似性が認識されて、外集団と内集団の違いがあまり顕著でなくなるとき、**脱カテゴリー化**（decategorization）が成立するとしている。そしてその結果、偏見や、ステレオタイプ化や差別が低減される[2]。たとえば、筆者がイギリスに在外研究に行っていたとき、パキスタン人の女性研究者の友人がいた。その友人との交流により、イスラム教徒といっても多様性があることを窺い知った。そして数年後彼女が来日したとき、拙宅に宿泊した。一つ心配であったのは食事であり、イスラム教徒が食する肉をどのように調達しようかと思いあぐねていた。しかし、彼女は「その必要はなく、あなたの家で食するもののなかから食べられるものを食する」と強く主張したので、そのとおりにした。結果として、魚介類を中心に料

[1] Brewer, M. B. & Miller, N. (1984) Beyond the contact hypothesis. Theoretical perspectives on desegregation. In N. Miller & M. B. Brewer (Eds.), *Groups in contact: The psychology of desegregation* (pp. 281-302). London: Academic Press.

[2] Voci, A. (2019) Decategorization. In J. M. Levine & M. A. Hogg (Eds.), *Encyclopedia of group processes & intergroup Relations.* doi: http://dx.doi.org/10.4135/9781412972017.n57

理することで、何も問題なく楽しいときを過ごした。もちろん、食べ物に対しての注意は必要ではあるが、イスラム教徒の食事と自分の食事はかなり違うという境界線が少し薄くなった瞬間を経験した。

　脱カテゴリー化は既存のカテゴリーがなくなるということであるのに対して、**再カテゴリー化**（recategorization）[3] は既存のカテゴリーがなくなるわけではなく、それを統合するようなアイデンティティを二者がともに構築することである。たとえば、A社がB社に吸収・合併された。その際、A社という名称を使わず、あえてX社という新たな名をつけることによって共通のアイデンティティ構築に働きかけることができる。また、**サブカテゴリー化**（sub-categorization）して超越的なカテゴリーの下に、元の社会的カテゴリーを保持することもある。たとえば、上記の例では、X社となった元A社の社員と、元B社の社員が、「A社は技術に優れ、B社は販売成績が良い」というポジティブなアイデンティティをもつことである。

　さらに、**カテゴリーを掛け合わせること**（cross-categorization）で、二者の対応するアイデンティティが潜在化する。たとえば、顕現化している国家（X対Y）間の違いは、年齢（老若）を基準とするアイデンティティを組み合わせることによって潜在化し、偏見が低減される可能性がある。[4] たとえば、X国とY国は、かつての戦争の経験によりお互いにお互いをとても否定的に捉えている。とくに両国の高齢者はお互いの国に対して強い偏見をもち相容れない。他方で両国の若者同士はお互いの国を観光

[3] Samuel L. Gaertner, S. L., Dovidio, J. F., Abastasio, P. A., Backman, B. A., & Rust, M. C. (1993) Chapter 1: The common ingroup identity model: Recategorization and the reduction of intergroup bias. *European Review of Social Psychology*, 4, 1-26.

[4] Hewstone, M., Martin, R., Hammer-Hewstone, C., Crisp, R. J., & Voci, A. (2001) Chapter 5 Majority-minority relations in organizations: Challenges and opportunities. In M. A. Hogg & D. J. Terry (Eds.), *Social identity processes in organizational contexts* (pp. 67-86). Philadelphia, PA: Psychology Press.

目的で行き来したり、お互いの国に留学したり、お互いの大衆文化にも慣れ親しんでいる。X国に留学しに来たY国の若者の礼儀正しさはX国の高齢者のY国に対するネガティブなイメージを変容させた。また、Y国の若者に対し、X国の高齢者が親切に接することで、Y国の若者もX国がより一層好きになるというようなことがありうるだろう。

3-6

組織とアイデンティティ

――インサイダーとアウトサイダー

私たちはどこかの組織で働くとき、どのようにアイデンティティを調整しているだろうか？　あるいは私たちのアイデンティティのあり方がどのように働き方に反映されているのだろうか？　アカロフとクラントン[1]は、経済学はもはや消費と所得のみでなく、経済学と関係がないと見られる動機にも目を向ける必要があるとし、アイデンティティ[2]という概念を経済学に採り入れたことで知られている。もともと社会心理学に端を発したアイデンティティと、経済学でいうアイデンティティがまったく同じ意味で使われているかどうかは疑問であるとしながらも、行動経済学の領域においても、人が多面的なアイデンティティをもち、それを意識的あるいは無意識に選び、戦略的に維持するという側面が経済活動に見られるとしている[3]。アカロフとクラントンの核をなす主張は、**アイデンティティ・ユティリティ**（identity utility）という考え方で、以下のように定義されている。

行動が規範や理想と合致したときの利得、あるいは合致しないときの損失を表す。[4]

[1] Akerlof, G. A., & Kranton, R. E. (2010) *Identity economics: How our identities shape our work, wages, and well-being.* Princeton, NJ: Princeton University Press.〔ジョージ・A・アカロフ&レイチェル・E・クラントン／山形浩生・守岡桜（訳）(2011)『アイデンティティ経済学』東洋経済新報社〕

[2] Davis, J. B. (2011) Review of identity economics by Akerlof and Kranton. *Economics and Philosophy, 27*(3), 331-338. doi: 10.1017/S0266267111000253

[3] 大竹文雄・亀坂安紀子・川越敏司・藤田和生・山岸俊男 (2012)「行動経済学会第6回大会・第16回実験社会科学カンファレンス・合同大会 合同パネルディスカッション『社会性と利他的行動』プロシーディングス」『行動経済学』*5*, 103-117.

[4] Akerlof, G. A., & Kranton,

つまり、行動が規範や理想に合致しているときアイデンティティ・ユティリティは増大すると考えられ、逆の場合は減少するということになる。そして、組織理念をよく理解し、自分が働く組織に思い入れをもつ働き手を**インサイダー**（insider）と呼び、組織に思い入れをもたない働き手を**アウトサイダー**（outsider）と呼ぶ。インサイダーは、思い入れのある組織であまり努力を必要とされないときにアイデンティティ・ユティリティを損失する。それに対してアウトサイダーは、自分がその一部だとも感じられない組織に対して努力を強いられたときにアイデンティティ・ユティリティを損失する。

この考え方を組織の生産性と結びつけると、どうなるだろうか？ インサイダーは、組織のために努力し、働くことを厭わない。そして彼らの理想はその組織のために努力することであるので、金銭的報酬よりも自分の理想が達成できることに満足する。よって、組織の生産性はインサイダーの貢献によって向上する。それに対して、アウトサイダーは組織のためではなく、自分のために働く。自分が思い入れをもてない組織のために努力することに価値を見出せず、最小限の努力で金銭的報酬を得たいと考える。よって、ある組織に働く人すべてがアウトサイダーだとすると、生産性向上は難しくなる。

もちろん、組織に対してはアウトサイダーの位置どりをしながらも、仕事そのもの

R. E. (2010) 注[1]に同じ。原著（p. 18）、訳書（p. 26）。原文は、"The identity utility, which is the gain when actions conform to norms and ideals, and the loss insofar as they do not."

に対して思い入れをもっている場合もある。たとえば、池田[5]は、ある介護事業所で非正社員として働く訪問介護員がなぜその働き方を選んだのかに着目し、その職場で得られたアイデンティティから生じる課題を調べた。その結果、非正社員として組織に対してはアウトサイダーではあるものの、サービス利用者との関係性は強く、仕事への思い入れが弱いわけではないことが示唆された。

[5] 池田幸代（2019）「介護組織におけるマネジメントと介護職員のアイデンティティ：訪問介護員の意識と情報共有に関する行動」『東京情報大学研究論集』22 (2), 29-42.

コーヒーブレイク4 ――働き方とアイデンティティ・ユティリティ

A子さんは、拘束時間が長く、時給があまり高くないアルバイトをしています。周りの人たちから辞めるように勧められることがありますが、やはりそのアルバイトは続けたいと思います。アイデンティティ・ユティリティの考え方からどのようなことがわかりますか？　あなたはいかがですか？　ご自分の働き方を振り返って、どのようなことに気づきますか？

3-7 共感とアイデンティティ

――親近感が支援行動につながる

他者の特定のアイデンティティが顕現化するとき、私たちは見物人としてどのような行動をとるだろうか？　レヴィーンら[1]は、何らかの事件に巻き込まれている被害者と見物人との間に共通のアイデンティティがあると、見物人が介入する可能性が高くなると述べている。たとえば、イギリスのある大学で行われた実験によると、複数の見物人が同じ大学の学生であったときと他大学の学生も含まれていたときとでは、介入する可能性は前者の方が高い。また同じ実験で、被害者と見物人が同じ大学の学生であったときのほうが所属する大学が違うときよりも介入する可能性が高くなったという。

レヴィーンら[2]が行った別の実験では、見知らぬ人がケガをしている状況が想定された。ケガ人が見物人も支持しているサッカー・チームのTシャツを着ている場合は、ライバル・チームのTシャツか、ノーブランドのスポーツ着をケガ人が着ている場合よりも支援行動に出る可能性が高くなったという。レヴィーンらは、これまでは支援行動については、支援する人がどのように支援するに至ったかなどその意思決定のプ

[1] Levine, M., Cassidy, C., Brazier, G., & Reicher, S. (2002) Self-categorization and bystander non-intervention: Two experimental studies. *Journal of Applied Social Psychology, 32*(7), 1452-1463. Abstract. doi: https://onlinelibrary.wiley.com/doi/abs/10.1111/j.1559-1816.2002.tb01446.x

[2] Levine, M., Prosser, A., Evans, D., & Reicher, S. (2005) Identity and emergency intervention: How social group membership and inclusiveness of group boundaries shape helping behavior. *Personality and Social Psychology Bulletin, 31*(4), 443-453. doi: 10.1177/0146167204271651

[3] Tajfel, H., & Turner, J. C. (1979) An integrative theory of

ロセスなどに焦点が当たっていたが、社会的アイデンティティ理論および自己カテゴリー化理論[3]の視点が必要だとしている。

また、レヴィーンとトンプソン[4]は、災害が起こったときに支援活動を行うか否かがどのようにアイデンティティに関係するのかについて研究を行った。イギリスの大学生に向けて調査を行い、その際南米とヨーロッパ（イギリスは含まない）の両方で災害が起きたという設定にした。ヨーロッパというアイデンティティを身近に感じさせることによってヨーロッパというアイデンティティが顕現化すると、南米で起こった災害よりもヨーロッパで起こった災害の支援に行くし、金銭的支援もしようとする傾向が強いことが明らかになった。

このことから、自分が行ったことがある場所で災害が起こったという報道があった場合、必ずしも地理的に近くはないのに、身近に感じたりするのが頷ける。顕現化するアイデンティティが、自身がもつアイデンティティでなくても、親近感を抱かせるような経験や仕掛けがあった場合に、人はその顕現化したアイデンティティに共感を示し、それが支援行動を促すことがわかる。たとえば、Aさんが M市出身の家族と家族ぐるみのお付き合いをしたことがあったことで、M市で災害の報道があり、すぐに募金を行ったというのもこの一例であろう。昨今ではこのような支援行動や暴力行為への介入にも社会的アイデンティティ理論および自己カテゴリー化理論が援用されていることは着目に値する[5]。

intergroup conflicts. In W. G. Austin & S. Worchel (Eds.), *The social psychology of intergroup relations*, (pp. 263-276). New York: Peter Lang. および Turner, J. C. (1981) The experimental social psychology of intergroup behavior. In J. C. Turner & H. Giles (Eds.), *Intergroup behavior*, (pp. 66-101). Oxford: Basil Blackwell を参照。

[4] Levine, M. & Thompson, K. (2004) Identity, place, and bystander intervention: Social categories and helping after natural disasters. *Journal of Social Psychology, 144*(3), 229-245. https://www.tandfonline.com/doi/abs/10.3200/SOCP.144.3.229-245

[5] Levine, M., Philpot, R., Kovalenko, A.G. (2019) Rethinking the bystander effect in violence reduction training program. *Social Issues and Policy Review, 14*(1), pp. 1-24. doi: 10.1111/sipr.12063

3-8

消費とアイデンティティ

——何を買うか観るかのアイデンティティ

アイデンティティは国産品を買うか、輸入品を買うかなど、私たちの購買行動にも大きな影響を与えている。とくに1980年から2000年の初め頃に生まれた世代は、生まれた頃からグローバル化の波に包まれ、商品がどのようなメディアで宣伝されてきたか、どのような流通網で売られてきたかが、それ以前の世代に比べて多様化したことは明らかである。また、生まれたときすでに輸入されたものに囲まれて育った可能性の高い世代は、それ以前の世代がもつ「輸入品」の概念と違う感覚をもっているだろう。

ゴンザレス-フェンテス[1]は、アメリカと日本の若者（2000年世代）のアイデンティティと購買行動について比較調査を行った。その結果、日本の若者たちは、国産品と輸入品を両方とも購入する傾向があること、そして物質主義的な価値観は国内メディアの消費量と正の相関があることがわかったが、グローバル・アイデンティティをもっている人と国家アイデンティティの強い人とのどちらが物質主義的であるかは明らかにされなかった。これに対し、アメリカでは、グローバル化の流れを受けて、

［1］Gonzalez-Fuentes, M. (2019) Millennials' national and global identities as drivers of materialism and consumer ethnocentrism. *The Journal of Social Psychology, 159*, 170-189. https://doi.org/10.1080/00224545.2019.1570904 を参照。

国産品と輸入品の両方を購入する傾向があるグループと国産品しか購入しないというグループに分かれた。また、アメリカではグローバル・アイデンティティをもつ人ほど、物質主義的な傾向があることがわかった。

このように、個人のアイデンティティのもち方は、購買行動に影響を与えることがわかる。また、購買行動だけでなく、どのような映画やドラマを観て、どのような音楽を聴くか、つまりどのように所与の大衆文化の資源を消費するかも、アイデンティティと結びついている。１９９０年代後半から韓国で日本の大衆文化が公的にも段階的に解禁となり、さらに２００２年のサッカーワールドカップが韓国と日本で共催されたことや、情報技術の革新により、大衆文化の日韓相互交流が盛んになった[2]。ブームの波はいくつかあったものの、テレビの音楽番組では当たり前のようにＫ－Ｐｏｐグループが登場しているのを目にする。コロナ禍でテレワークが奨励され、学校ではオンライン授業が進むなか、筆者もゼミの学生たちに近況報告をしてもらうと、学生がアメリカ派と韓国派に二分されていた。つまり、アメリカドラマを観るグループと、韓国ドラマを観るグループに二分されていて興味深かった。こういった消費行動には、グローバル・アイデンティティや、ジェンダー・アイデンティティ、ナショナル・アイデンティティを個人がどのように調整しているかが表れているようである。

リー[3]は、韓国の（主に）女性の日本のドラマの消費行動に関する論文で、日本のドラマから見えるジェンダー観は自国のそれに比べて幅広く、愛情表現や性的な描写

[2] 徐賢燮（2012）「韓国における日本文化の流入制限と開放」『長崎県立大学国際情報学部研究紀要』第13号、241-253. および岩渕功一・高原基彰・岡田宏介・三須順平・大西貢司・竹下南（2003）「日韓ポピュラー音楽 K-POP and J-POP: Influence and Hybridity」（JASPM 大会 2002 ワークショップB）『ポピュラー音楽研究』7, 62-69. を参照。

[3] Lee, D.（2006）Transnational media consumption and cultural identity: Young Korean women's cultural appropriation of Japanese TV dramas. *Asian Journal of Women's Studies, 12*(2), 64-87, 109. https://search.proquest.com/docview/197686146?accountid=8333(2021/03/31)

が、自国のドラマのそれと比べてより開放的であるという点で韓国の女性たちはその違いを楽しんでいると指摘している。つまり、「女性はこうあるべき」という伝統的価値観からの解放に憧れ、より自由なかたちで映し出されている日本のドラマの女性像を見て楽しむという。しかし、他方で女性の不倫等の話が日本のドラマで展開されているときにはあまり抵抗なくドラマを観るが、韓国のドラマで同じトピックが扱われると嫌悪感をもつ調査参加者がいるという。明らかに自国のドラマと日本のドラマを観るときにダブルスタンダードがあり、韓国の国民というアイデンティティとジェンダー・アイデンティティを調整していることがうかがえる。またその調整によって、韓国の日本ドラマ愛好家は、日本のドラマの背景（コンテクスト）から自分たちを切り離し、両国間に横たわる政治的問題とは無縁のサブカルチャーを楽しんでいるとリーはとらえている。つまり、日本のドラマを通して、超国家的な想像空間をつくるという。

4　コミュニケーション調整
——私たちはどのようにコミュニケーションを調整するのか？

筆者のかつての同僚に大阪の出身者がいた。オフィスは東京都内にあり、従業員の半数以上が外国人であったそのオフィスで、彼女はいつも大阪弁で話していた。なぜいつも大阪弁で話すのかと尋ねると、大阪弁を話さないと何となく「自分らしい気がしない」と答えた。一方、同じ会社に勤めていた別の同僚は東北の出身者であった。彼女の低い声や、話し方は大変魅力的で、とても心地よかった。しかし、彼女が東北の出身県のことばで話しているのを聞いたことはなかった。

話しことばだけではない。私たちは何らかの「調整」を日常的に行っている。電車に乗り座っているとき、目の前に杖をついた人が立っていて、譲ろうとしたけれど、「年寄り扱いしないでほしい」と言わんばかりの態度をとられたことがあるかもしれない。おそらくその人は「年配者」というアイデンティティをもっていないのに、「年配者」というアイデンティティを他者から投げかけられたからかもしれない。

本章では、私たちの日常的なコミュニケーションを振り返り、その背後にどのようなアイデンティティの調整があるのかについて考えてみよう。

4-1

コミュニケーション調整理論

――話しているうちになぜ相手の話し方につられるのか？

コミュニケーション調整理論（CAT: Communication Accommodation Theory）の創始者であるジャイルズ[1]は、高校生の頃から自身のことを、言語学的カメレオン（linguistic chameleon）ではないかと思っていたという。なぜなら自分の出身地ウェールズ南部の都市カーディフの強い訛りは、サッカーのゲームを見に行って他の観戦者と話をしているときは、さらに強い訛りになるが、南イングランドからきた同僚と話すときは標準的な英語になるからだそうだ。そしてそのことは自分一人に限ったことではなく、ウェールズ北部のパブに大学の仲間と行くと、それまで標準的英語で話していたのに皆揃ってウェールズ語に切り替えるようになるという。他方で、ジャイルズは長年アメリカで教鞭をとっているが、言語学的カメレオンと自称してはいるものの、アメリカ英語に完全には順応しきれていないとも言っている。[2] それではなぜイギリスでは状況に応じて自分の使うことばを調整していたのに、ジャイルズはアメリカに長い間住んでいてもアメリカ英語に馴染みきれないのだろうか？　ジャイルズはその答えを明白にはしていないが、おそらくそれはジャイルズがウェールズ人として

[1] Howard Giles はウェールズ（イギリス）のカーディフの出身で、カリフォルニア大学サンタバーバラ校で教えるアメリカ国籍の社会心理学者である。www.comm.ucsb.edu/people/howard-giles (2019/03/23)

[2] Giles, H. (2016) The social origin of CAT. In H. Giles (Ed.), *Communication accommodation theory: Negotiating personal relationships and social identities across contexts* (pp.1-12). Cambridge: Cambridge University Press.

のアイデンティティを強くもち、アメリカに対してはウェールズ以上に帰属意識がもてないからなのではないかと考える。

また、複数の話者がそれぞれ違うことばを母語とする場合、どのようなことが起こるだろうか？　イギリス出身の年配の男性教授と、アフリカ系アメリカ人の男子学生と、スイスからきたポスドクの女性とがアメリカの大学で会話をしているとする。どのことばで、どのようにコミュニケーションをするのだろうか？　おそらく相手（コミュニケーション・パートナー）の性別、文化、民族、社会的ポジション、年齢などを考慮して、話し方を調整するであろう[3]。

一方、先ほど例に挙げたように、どの地域のテレビに出演しても、関西出身のお笑い芸人の多くが関西弁[4]を貫いているようである。また、大阪出身の友人が誰に話すのにも大阪弁を貫き、その友人と話をしているうちに自分も大阪弁のような話し方になってきてしまうという経験をもっている人もいるのではないだろうか？

栗林[5]は、東京出身の初老の男性英語教師と、大阪出身の女子学生とアメリカ出身の交換留学生の男子学生が雑談をするときを例に挙げ、私たちは日常生活のなかで話す言語、方言、発音、語彙、速さ、声の強弱、発話の長さや、身振り手振り、姿勢、対人距離など、言語的・非言語的コミュニケーションの要素を周囲に注意を払いながら調整しているとしている。このような事象を説明するのが、コミュニケーション調整理論である。

[3]　Giles, H. & Ogay, T. (2007) Communication accommodation theory. In B. B. Whaley & W. Samter (Eds.), *Explaining communication: Contemporary theories and exemplars* (pp. 293-310). Mahwah, NJ: Lawrence Erlbaum Associates.

[4]　関西弁というのはおおまかすぎて、本来であるなら、大阪、京都、神戸など出身ごとの差に言及すべきであるが、ここでは便宜上このことばを使わせていただく。

[5]　栗林克匡（2010）「社会心理学におけるコミュニケーション・アコモデーション理論の応用」『北星論集（社）』47, 11-21.

[6]　末田清子（2011）「第11章　非言語コミュニケーション（2）非言語音声メッセージ」末田清子・福田浩子（編）『コミュニケーション学：その展望と視点　増補版』（pp. 149-156）松柏社で p. 154

もともとコミュニケーション調整理論は、SAT（Speech Accommodation Theory）[6]を拡大したものである。コミュニケーション調整を、ジャイルズとオーガイ[7]は、「個人のコミュニケーション行動を変化させることで、他者との社会的距離を近づけたり遠ざけたりすること」[8]としている。そしてコミュニケーション調整理論は、私たちがなぜ、どのように相手のコミュニケーションの仕方に合わせたり、合わせなかったり、あえて遠ざけたりするのか、そしてその結果どのようなことが起こるのかを理解する枠組みを与えてくれる。[9]

コーヒーブレイク5 ―― コミュニケーション調整の例

次の語りは、コミュニケーション調整とどのように関連があるだろうか？

「昨日、70歳代かと思われる方が電車で私の目の前に立っていたので、席を譲ろうとしました。でも、『大丈夫です』とおっしゃったので、そのまま座っていました。何となく不機嫌だった様子が気になりました。」

の注21が示すように、もともと音調学（vocalics）に関わる調整の範囲が広がりCATになった。

[7] Giles, H. & Ogay, T. (2007) 注[3]に同じ。定義してある部分は、p.295の "This constant movement toward and away from others, by changing one's communicative behavior, is called accommodation." である。

[8] 栗林克匡（2010）注[5]に同じ。この部分はp.12である。

[9] Giles, H. (2009) Accommodation theory. In S. W. Littlejohn & K. A. Foss (Eds.), *Encyclopedia of communication theory* (pp.1-4). Los Angeles: Sage. オリジナルの文は、"the theory provides a framework for understanding how and why people adapt their communication toward and away from others and the social consequences of doing so." (p.1).

4−2 収束と分岐

——相手に合わせる？合わせない？

コミュニケーション・パートナーのコミュニケーション行動に合わせること[1]を、**収束**（convergence）[2]という。それを図4-1に示す。

収束を促しているのは、他者のコミュニケーション・スタイルに自分のスタイルを近づけることが対人魅力につながるという考え方である。よって相手から尊重されたいと思えば思うほど、相手のコミュニケーション・スタイルに近づけるということをコミュニケーション調整理論は示唆している。もちろん、合わせるには限度があり、合わせすぎることによる弊害もある。たとえば、相手のコミュニケーション・スタイルを真似しすぎた場合は、不快感を抱かせることになってしまう。この点については4-4で詳述する。

逆にコミュニケーション・パートナーのコミュニケーション・スタイルとはあえてかけ離れるようにし[3]、自分と他者の言語的・非言語的特徴の差を強調することを**分岐**（divergence）[4]という。

たとえば、カナダのケベックに住むバイリンガルで、フランス語も英語も自由自在

図 4-1　収束（convergence）

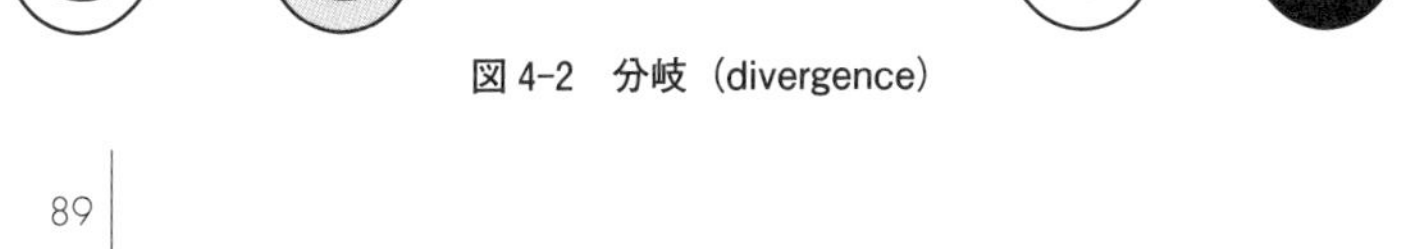

図 4-2　分岐（divergence）

に操る人[5]が、英語で道を訊かれたときに英語で対応するのが、収束である。逆に、バイリンガルであるにもかかわらず、英語で道を訊かれてフランス語で答えるのは分岐である。このように二言語を同等に操るバイリンガルや、標準語と方言を自在に操る話者が、使用言語を切り替えたり、標準語と方言を同じくらいの長さで切り替えたりすることを**コード・スウィッチング**（code-switching）[6]という。宮原[7]は、日本語と英語のバイリンガルの学生に対して調査を行い、学生同士の会話を分析した。その結果、バイリンガルの調査協力者は、コード・スウィッチングを行うことによって、コミュニケーションのパートナーとの適切な距離を保ち、自己提示をし、社会的承認を獲得し連帯感を増強させていることがわかった。

三つめのパターンとして、コミュニケーション・パートナーとの違いを強調せずに、収束もしないこと（nonconvergence）を**非調整**（nonaccommodation）[8]と呼ぶ。相手が自分のコミュニケーション・スタイルに合わせないと、人は自分がまともな処遇を受けていないような気がする傾向があるが、米国の駐在員がウェールズ語を話せない、あるいはうまく発音ができなくても、それはとくに否定的に受け取られることはないとジャイルズ[9]は説明している。

同じことが日本語に対しても言えよう。日本語学習者の数は増えており、国際交流基金の調査[10]によると、日本語学習機関は世界中に1万8661も存在し、教師は7万7323人、そして学習者は385万1774人に及ぶ。しかし、外国人が日本語を

[1] Dragojevic, M., Gasiorek, J., & Giles, H. (2016) Accommodative strategies as core of the theory. In H. Giles (Ed.), *Communication accommodation theory: Negotiating personal relationships and social identities across contexts*. (pp. 36–59). Cambridge: Cambridge University Press. pp. 36-37を参照。

[2] 訳語として「収斂」ということばもある。

[3] [1]の文献p. 37を参照。

[4] 「拡散」という訳語もある。

[5] これは実際、以下の論文のなかで出てくる実験である。Bourhis, R. Y. (1984) Cross-cultural communication in Montreal: Two field studies since Bill 101. *International Journal of Sociology of Language, 46*, 33-47.

[6] Gasiorek, J. (2016) Theoretical perspectives on interpersonal adjustments. In H. Giles (Ed.), *Communication accommodation theory: Negotiating*

話せなかったとしても、日本語や日本文化は難しい「特殊な」ものであり、そもそも外国人が日本語を習得したり、日本文化を理解したりするのは困難であるという認識がある。このように、日本文化や日本語の特殊性は、外集団のメンバーには理解不可能であるとする考え方を**文化ナショナリズム**[11]という。この文化ナショナリズムも手伝ってか、日本にいる外国人が日本語を話せなくても非難を免れるということは珍しくはないだろう。

personal relationships and social identities across contexts. (pp. 13-35). Cambridge: Cambridge University Press. p. 14. を参照。

［7］宮原温子（2013）「コードスイッチングのアコモデーション理論による一考察」『目白大学人文学研究』9, 165-177.

［8］Nonaccommodation は Giles, H. (2009). Accommodation theory. In S. W. Littlejohn & K. A. Foss (Eds.), *Encyclopedia of communication theory,* (pp. 1-4) の p. 2 に説明されている。

［9］同右。

［10］国際交流基金（2020）の『海外の日本語教育の現状　2018年度日本語教育機関調査より』https://www.jpf.go.jp/j/project/japanese/survey/result/dl/survey2018/all.pdf(2021/05/31)

［11］吉野耕作（1997）『文化ナショナリズムの社会学：現代日本のアイデンティティの行方』名古屋大学出版会

4-3

調整のバリエーション

——相手にどのように合わせるのか？

■上方・下方修正

コミュニケーション・パートナーに合わせるときに、二通りの調整がある。一つを**上方修正**（upward adjustment）と言い、もう一つを**下方修正**（downward adjustment）と言う。上方修正（図4-3）とは、より威信のある話し方に合わせることであり、下方修正（図4-4）とは、より威信のない、あるいはよりスタンダードではないと烙印を押されている話し方に合わせることである。[1] たとえば、アメリカではスタンダード英語が非スタンダードでくせのある英語よりも威信のあるものとされている。南部訛りの英語や、アフリカ系アメリカ人の話す英語や、スペイン語訛りの英語は威信のない英語であると認識されがちである。したがって、南部訛りの英語を話す人がスタンダード英語に似せて話すのは上方修正であり、逆にスタンダードな英語を話す人が南部訛りの英語に似せて話すのは下方修正である。

■全体的調整・部分的調整

[1] 原文は以下。Dragojevic, M., Gasiorek, J., & Giles, H. (2016) Accommodative strategies as core of the theory. In H. Giles (Ed.), *Communication accommodation theory: Negotiating personal relationships and social identities across contexts* (pp. 36-59). Cambridge: Cambridge University Press. の "Upward adjustment refers to shifts toward a more prestigious variety of speech, whereas downward adjustment refers to shifts toward a less prestigious, or even stigmatized, variety." (p. 37).

一方が他方のコミュニケーション・スタイルに合わせてコミュニケーションを行うとき、その調整が全体的な場合（full）と、部分的な場合（partial）がある。たとえば、4－2の例をみてみよう。カナダのケベックに住むバイリンガル話者（英語・仏語）が、英語で道を訊かれたときに英語で対応するが、部分的に仏語や他の言語を混ぜて話す場合は部分的調整であり、すべてを英語で回答するのは全体的調整である。また、質的に多くの要素を調整するか（multimodal）、単一の調整のみするか（unimodal）というバリエーションもある。たとえば、日本語学習者に対してわかりやすく日本語を話そうとする際に、スピードだけ変えるか（unimodal）、スピード以外に発音の明瞭さや、声の大きさ、語彙の難易度などを変えるか（multimodal）である。

■対称的調整・非対称的調整

コミュニケーションを行う二者が相互に調整するときに**対称的**（symmetrical）調整（図4－5）となり、片方だけが調整するときに**非対称的**（asymmetrical）調整（図4－6）となる。一般的には力をもたざる者がもつ者に対して非対称的に調整するとされている。たとえば、ジェンダーの観点からすると、女性が男性のコミュニケーショ

図 4-3　上方修正

図 4-4　下方修正

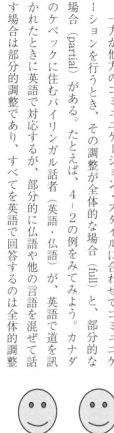

ン行動やスタイルに合わせるほうが、逆よりも一般的である。[2]

■短期的調整・長期的調整

調整には数回のやりとりのなかで起こる短期的なものと、長期的に起こる調整がある。[3] たとえば、日本生まれで日本育ちの人が日本語訛りの英語をアメリカのカリフォルニア州で話していたが、長くカリフォルニアに住むことによって発音もカリフォルニアの発音に変わっていくのは長期的調整と言える。また、筆者がイギリスの北西部であるランカスターに住んでいた頃、それ以前にアメリカに住んでいた筆者はスーパーのレジ等で「あなたアメリカから来た？」と言われたことがしばしばあった。同様に、筆者は多くの帰国子女である学生を指導した経験をもち、その学生たちの話す英語を聴くと、どの地域にいたか、あるいはアメリカ系のインターナショナルスクールか、イギリス系のインターナショナルスクールに通っていたかが分かる。それぞれの発音を聴き分けることはそれほど難しくはない。

コーヒーブレイク6 ―― 『コンビニ人間』のコミュニケーション調整

次の一節は、コミュニケーション調整とどのように関連するだろうか？

数年前に会ったときは、アルバイトはのんびりした大学生が多くて、私の喋

図 4-5　対称的調整

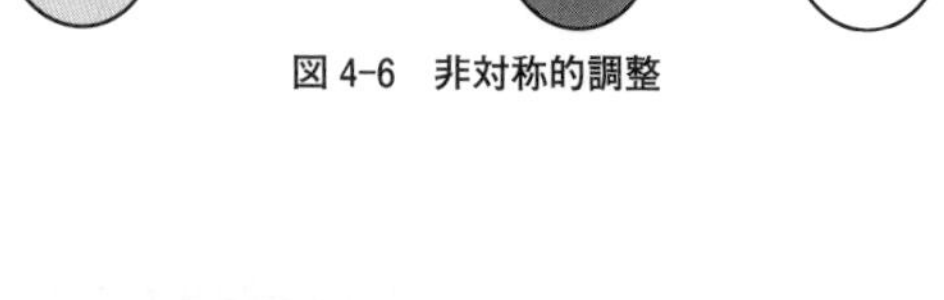

図 4-6　非対称的調整

り方は今とは全然違ったと思う。

　説明はせずに、私は笑ってみせた。

「そういえば、服の感じはちょっと変わったかもねー？　前はもっとナチュラルっぽかった気がする」

「あー、それはそうかもね。それ、表参道のお店のスカートじゃない？　私も色違い、試着したよー、かわいいよね」

「うん、最近、ここの服ばっかり着てる」

　身に付けている洋服も、発することばのリズムも変わってしまった私が笑っている。


村田沙耶香『コンビニ人間』文藝春秋 2016, pp. 38-39 より

［2］　同右。
［3］　同右 p. 39.

4−4 調整の予測値

——過少調整と過度調整

それでは、私たちはいったいコミュニケーション・パートナーのコミュニケーション・スタイルに合わせるときに、どのようにしているのだろうか？　人は、相手のコミュニケーション・スタイルに合わせようとするが、相手の実際のコミュニケーション・スタイルに合わせるというよりは、本人が抱く相手のコミュニケーション・スタイル観に合わせることになる。

図4-7が示すように、相手のコミュニケーション・スタイル観つまり予測値(approximation)と実際のコミュニケーション・スタイルが合致している場合もあるが、そうでない場合もある。相手のコミュニケーション・スタイル観はその時点までに遭遇した相手の社会的アイデンティティによって象られることが多く、個人的アイデンティティは考慮に入れられない。

たとえば、カナダ人のAさんが日本人のBさんとコミュニケーションをするとき、Aさんはそれ以前に接したことのある日本人が物静かで口数が少ないという経験をもっているとしよう。よって、日本人の特質を「口数が少ない」と認識し、自分も口数

[1] Dragojevic, M., Gasiorek, J., & Giles, H. (2016) Accommodative strategies as core of the theory. In H. Giles (Ed.), *Communication accommodation theory: Negotiating personal relationships and social identities across contexts*, (pp. 36–59). Cambridge: Cambridge University Press. p. 40.

[2] Gasiorek, J. (2016) The "Dark side" of CAT: Nonaccommodation. In H. Giles (Ed.), *Communication accommodation theory: Negotiating personal relationships and social identities across contexts*, (pp. 85–104). Cambridge: Cambridge University Press. p. 88.

を少なくして収束しようとするかもしれない。実際にはBさんは日本語ではもとより、英語でもよく話す人であるかもしれないが、そのような個人の特徴は考慮されない。よって、予測値が実際に近い場合もあれば、かなりかけ離れている場合もある。[1]

　このことによって、相手のコミュニケーション・スタイルに合わせすぎてしまう**過度調整**（overaccommodation）が起こりうるし、また必要な調整をしなさすぎる**過少調整**（underaccommodation）も生じうる。過度調整とは、インタラクションがうまくいくのに必要な調整のレベルを超えてしまうほど調整してしまうコミュニケーション行動である。[2] たとえば、母語話者がそのことばの学習者に対してスピードを過度に落としたり、やさしすぎることばを使ったりすることである。逆に、過少調整は、インタラクションがうまくいくのに必要な調整レベルまで調整しないコミュニケーション行動である。たとえば、母語話者がそのことばの学習者にはついていけないスピードで話し続けたり、専門用語を羅列して何かを説明し

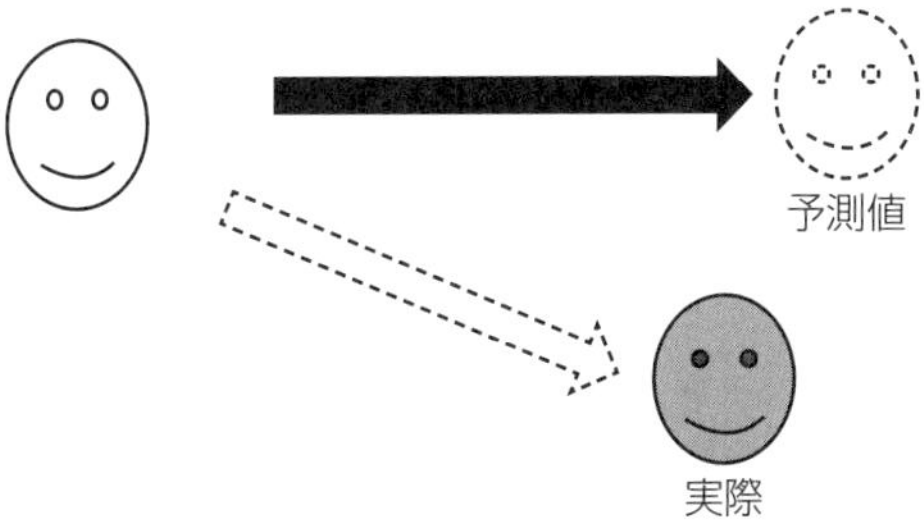

図 4-7　予測値と実際

[3]　同右。

[4]　柳田直美（2010）「非母語話者との接触場面において母語話者の情報やり方略に接触経験が及ぼす影響：母語話者への日本語教育支援を目指して」『日本語教育』*145*, 13-24.

[5]　デジタル大辞林（2019）https://japanknowledge-com.hawking1.agulin.aoyama.ac.jp/lib/display/?lid=2001021431400 (2019/04/04)

[6]　銭坪玲子（2013）「現代日本社会の多文化共生化と言語調整」『長崎ウエスレヤン大学地域総合研究所紀要』11巻1号 pp. 11-20.

[7]　たとえば、筒井千絵（2008）「フォリナー・トークの実際：非母語話者との接触度による言語調整ストラテジーの相違」『一橋大学留学生センター紀要』11, 79-95. などが挙げられる。

たりすることが例として挙げられる[3]。あるコミュニケーション調整が、過度調整であるか、それとも過少調整であるかは聞き手の立場からみた相手のコミュニケーション行動に対する主観的な評価であり、その評価は状況に依存する。

たとえば、日本の多文化化の進展とともに、日本語教育の領域において、日本語学習者に対する支援はもとより、非母語話者とのコミュニケーションに困難を感じる母語話者への支援の必要性も指摘されている[4]。つまり日本語学習者の理解を促すために、母語話者が話すスピードや文法や語彙を相手に合わせて調整するように**フォリナー・トーク**[5]をするということである。フォリナー・トークとは、ある言語に習熟していない人でも理解できるように配慮した話し方で、話すスピードを落としたり、簡単な語彙や表現を使用することである。とくに災害時[6]には、フォリナー・トークが必須である。ただし、簡略化しさえすれば日本語学習者にとってわかりやすい調整になるとは限らないとして、どのような調整がわかりやすい調整かについても研究されている[7]。

一方、日本語母語話者が日本語学習者に日本語で話しかける場合に、日本語母語話者が話すスピードを遅くし過ぎたり、語彙を簡単にし過ぎることによって、日本語学習者が不快に感じることがある[8]。それは日本語母語話者が日本語学習者の日本語能力を過小評価したことによって、かなり初級レベルの日本語を使ってしまった可能性がある。よって、日本語学習者は実際の自分の能力を過小評価されたことに対して、不

[8] 林千賀（2002）「日本語学習者の「不満」：アコモデーション理論の観点から」『青山国際コミュニケーション研究』(6), 5-28.（青山学院大学大学院国際政治経済学研究科国際コミュニケーション学会）

[9] 『現代用語の基礎知識』（自由国民社 2019）https://japan-knowledge-com.hawking1.agulin.aoyama.ac.jp/lib/display/?lid=50020050100440(2019/04/07) によれば、ステレオタイプとは「ある事柄に対して、特定の社会集団が抱いている固定的で紋切り型のイメージのこと」である。

[10] オストハイダ・テーヤ（2001）「言語外的条件による過剰適応：コミュニケーション行動の言語社会心理学」『待兼山論叢 日本学篇』35, pp. 35-50.

快に思うのであろう。これは、「日本語学習者」をひと固まりにステレオタイプ[9]でとらえようとしたことによる。

　英語学習者も同じであろう。英語学習者としてあなたは、あまりにもゆっくりと英語を話してくれた相手に対して、感謝の念があるとはいえ、「馬鹿にされている」ような気持ちになったことがあるのではないだろうか？　また、話し相手との意思の疎通にまったく支障がないのに、話し相手の外見的特徴や年齢などに関する意識に基づき、話し手が簡略化言語を用いたり、第三者に返答したりすることもある[10]。

　相手に必要なコミュニケーション調整をすることで、生活が楽になることは確かであり、たとえば認知症高齢者の攻撃性を緩和させるために、短い文でゆっくりと話しかけることが肝要であるとされている[11]。他方で、若い人が、年配の人に対して、大声で話しかけ、易しい構文や語彙を使い、ゆっくりと話しかけるなど過剰にやさしいことば遣いをすることを**パトロナイジング**（patronizing）[12]**スピーチ**という。必要な調整をするか、過剰に調整するかの境界は明白ではないが、パトロナイジングスピーチは相手を個人ではなく、「高齢者」というステレオタイプでとらえ、一般化してしまうことで相手に不快感を与えてしまうというネガティブな含意がある。よって、身体的にも認知的にも健康な高齢者は、このような調整を自分たちに対する配慮を欠いた行為と捉えてしまうこともある[13]。

[11]　上野萌子・田村啓子・内山伊知郎（2015）「認知症高齢者による日常生活自立度と攻撃行動の関連」『応用心理学研究』*41*(2), 167-174.

[12]　Collins dictionary https://www.collinsdictionary.com/dictionary/english/patronizing（2019/04/06）によると、"If someone is patronizing, they speak or behave towards you in a way that seems friendly, but which shows that they think they are superior to you. と説明されている。つまり patronizing は、感じよく話してはくれるが、やはり相手を格下とみるようである。

[13]　Ryan, E. B., Meredith, S. D., MacLean, M. J., & Orange, J. B. (1995) Changing the talk with elders: Promoting health using the communication enhancement model. *International Journal of Aging and Human Development, 41*(2), 69-107.

4-5 インターグループ・コミュニケーションとコミュニケーション調整
——民族言語的バイタリティ

■マクロレベルのコミュニケーション調整

これまで対人レベルでのコミュニケーション調整について考えてきた。次に、**インターグループ**（集団間・民族間）**・コミュニケーション**におけるコミュニケーション調整について考えてみよう。たとえば、多言語環境あるいは複数の言語の母語話者が共存する環境において、どの言語が主流となり、どの少数言語が保護されるかなど、マクロなレベルにおいてコミュニケーション調整が行われている。

インターグループでのコミュニケーション調整は、対人レベルのコミュニケーションに比べて、集団に基づく社会的アイデンティティが顕著になるので、ステレオタイプが活性化する。また、一般的に人は自分が所属する内集団の行動を肯定的に、外集団の行動を否定的にとらえることが先行研究から知られている。同様に、内集団からの批判はより建設的に受けとめるのに対して、外集団からの批判に対しては防衛的になるという。[1] そしてそのことは、コミュニケーション調整の評価にもつながっている。つまり、仮に自分の集団はコミュニケーション・パートナーに対してコミュニケ

[1] 詳細は Gasiorek, J. (2016) The "Dark side" of CAT: Nonaccommodation. In H. Giles (Ed.), *Communication accommodation theory: Negotiating personal relationships and social identities across contexts* (pp. 85-104), Cambridge: Cambridge University Press. の pp. 98-99 を参照。

[2] 『朝日新聞』(2019/04/06)「増える外国人　手探りの教育」(朝刊29面) によると、東京都内の外国人在留数は5年間のうちに4割増で、55万人を超えたという。また、改正出入国管理法により、コロナウイルス拡大前は外国人労働者のさらなる増加が見込まれていた。

[3] オリジナルの定義は、Giles, H., Bourhis, R. Y., & Taylor, D. (1977) Towards a theory of language in ethnic group relations. In H. Giles, (Ed.), *Language, ethnicity and intergroup relations*

ーション調整をしているつもりでも、相手の集団は自分の集団に対して何も調整をしていない（非調整）と受けとめることもありうる。したがって、インターグループ・コミュニケーションにおけるコミュニケーション調整は、調整のあり方もそうだが、調整に対する評価も複雑な様相を見せている。

それでは、複数の言語の母語話者が共存する環境において、人びとはどのようなコミュニケーション調整を行うのだろうか？　今後さらに在日外国人が増加[2]する可能性があるなかで、どの言語も一様に尊重され保護されるのだろうか？　そのカギを握るのは、**民族言語的バイタリティ**（ethnolinguistic vitality）である。

■民族言語的バイタリティ

言語コミュニティの民族言語的バイタリティは、「あるグループを際立った、そして活発な集合的存在として行動させるもの[3]」と定義づけられる。この民族言語的バイタリティと相互作用する要因として、ボーヒスら[4]は、図4-8のように三つ挙げている。

まず、最初の要因は**人口統計学的要因**（demographic variables）である。具体的には、ある言語を母語とする集団の成員の絶対数や、その成員がどのくらいの地域に分布しているかなどが、この要因として含まれる。たとえ

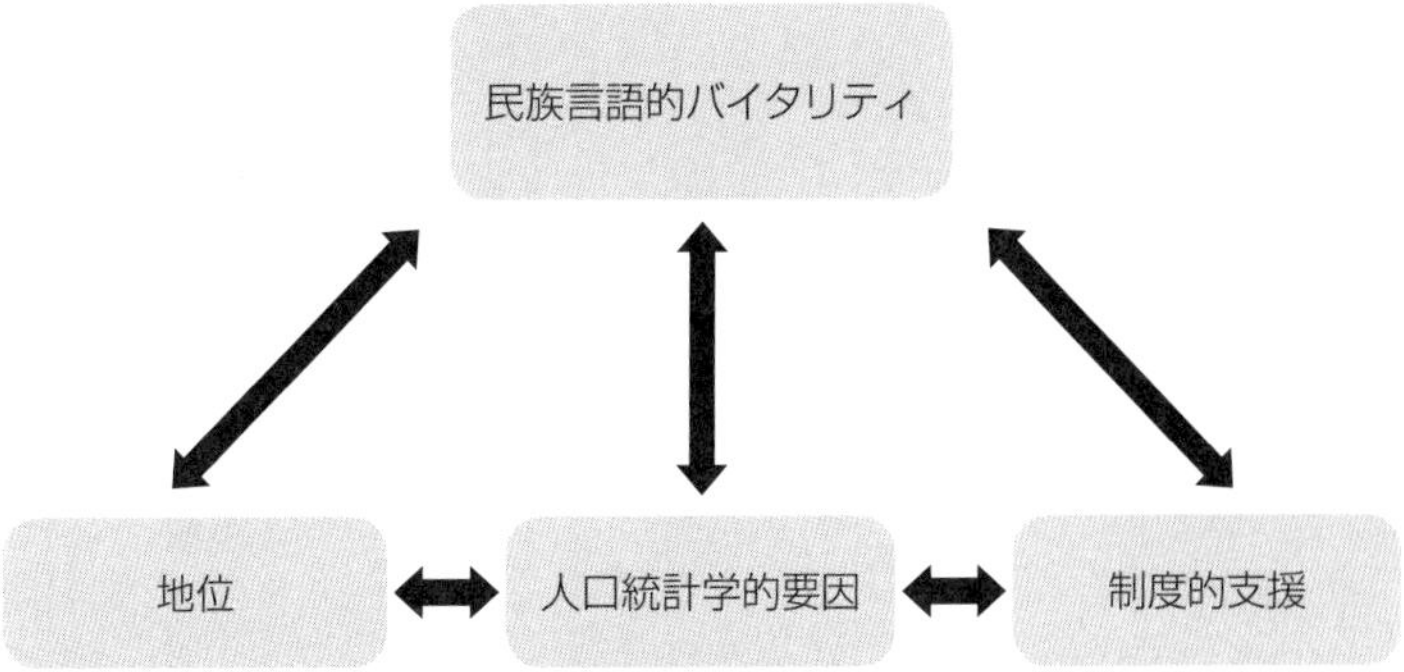

図 4-8　民族言語的バイタリティ

ば、ある地域で所与の集団の人口が大きく、広範囲に分布していれば、次の要因である制度的支援を受けやすくなる。なぜならその集団が自分たちの言語を保持し、次世代に継承していく必要性が正当化されやすくなるからである。たとえば、２００４年現在で、日本に在留届を提出しているブラジル人は約28万６５５７人で、愛知県、静岡県、長野県、三重県、群馬県を中心に分布している。そのブラジル人の子どものためのブラジル人学校で、在日ブラジル人学校連盟に加入している学校は41校である。そこでは、ブラジル人教師がブラジル人児童・生徒に対し、ブラジルの教育課程に基づき、ブラジルで使われている教科書を使ってポルトガル語で教育している。[5]

二つめの要因は、**制度的支援**（institutional support）である。たとえば、母語での放送・報道などのメディアの存在がある。また前述の教育が制度的に支援されているか、行政サービスが当該言語で対応しているか、宗教活動が当該言語でなされているかなどである。アメリカのニューメキシコ州には、ナバホ族（Diné）の血を引く児童・生徒が民族の言語や、文学や文化を学ぶ教育機関（NACA: Native American Community Academy）やナバホ族（Diné）の学生のための Diné College がある。かつて、民族の子どもは寮に集められて、民族の言語使用を禁止されたことがあるが、そのときとは対照的である。[6]

日本でも、道南バス（本社・室蘭市）の一部の路線で、２０１８年４月からアイヌ語の車内放送が始まった[7]ことが注目されている。ユネスコ（国連教育科学文化機関）

(pp. 307-348). London: Academic Press. のなかの以下に示されている。"that which makes a group likely to behave as a distinctive and active collective entity in intergroup settings" (p. 308).

[4] Bourhis, R. Y., Sioufi, R., & Sachdev, I. (2012) Ethnolinguistic interaction and multilingual communication. In H. Giles (Ed.), *The handbook of intergroup communication* (pp. 100-115). New York: Routledge.

[5] 岩本廣美（2006）「日本におけるブラジル人学校の展開と児童・生徒の就学状況：群馬県邑楽郡大泉町の事例を中心に」『新地理（日本地理教育学会）』*54*(3), 33-50.

[6] 末田清子・勝又恵理子（2018）「YA, AT, EEH! An Intensive Workshop on Navajo (Diné) Culture & Communication に参加して」*Aoyama Journal of*

はアイヌ語を絶滅の危機にある言語の部類に入れているが、現在、アイヌ語は復興しているとも言える。事実、北海道のみならず、関東でもアイヌ語講座が開設され、学習者が増えているという[8]。

三つめの要因は**地位**（status）である。二つめの要因である制度的支援が得られた言語は、正式なかたちで少数派言語としての地位を得ることになる。この要因には、言語的地位だけでなく、経済的地位、社会的地位、社会歴史的地位も含まれる。たとえば、アメリカのニューハンプシャー州では、歴史的に英語とフランス語のほうがスペイン語よりも高い地位に位置づけられている[9]。言語少数派として低い地位に位置づけられた人たちは、自分の社会的アイデンティティに対して否定的な気持ちをもち、言語的同化に抵抗する意思を貫くのが難しくなるという[10]。

民族言語的バイタリティは、多言語や複数の言語の母語話者が共存する環境のみでなく、国際家族のなかでどの言語が使われるか、子どもがどの言語を優位に継承するかに影響を与える。鈴木[11]は、インドネシアにおける日系国際児と欧米系国際児の言語継承についての研究を蓄積している。そのなかでいくつかの類型が見出されたが、日系国際児が居住地であるインドネシアの言語や文化を優位に継承する類型が多くみられたのに対し、欧米系国際児は、欧米系の親のことばや文化を優位に継承する傾向がみられた。この結果は、言語継承が親の価値観等にも多分に左右されるが、親の母語の言語的地位や、インドネシアで将来経済活動を営む際に、どの言語のほうが有利で

International Studies, 6, 177-184. 参照。

[7] 『朝日新聞』（2018/04/01）「『イヤイライケレ』アイヌ語で車内放送　道南バス一部路線できょうから」（朝刊、北海道版21面）database.asahi.com.hawking1.agulin.aoyama.ac.jp/library2/main/top.php（2019/04/07）

[8] 本名信行（2010年2月）「アイヌ語」『情報・知識imidas 2018』（集英社）https://japanknowledge-com.hawking1.agulin.aoyama.ac.jp/lib/display/?lid=50010L-105-0055（2019/04/07）

[9] Curtin, M. L. (2016) Language and identity in the United States and Taiwan: Negotiating power and differential belonging in a globalized world. In K. Sorrells & S. Sekimoto (Eds.), *Globalizing intercultural communication: A reader* (pp. 104–

あるかにも影響を受けていることを示唆している。
　この調査結果に呼応する見解が帰国子女の習得した言語についても表明されている。八島と久保田[12]は、英語圏から帰国した帰国子女たちが、本人も周りも英語を維持しようと努めるのは、持ち帰った英語文化の民族言語的バイタリティが強いからだとしている。

コーヒーブレイク7 ── 言語の切りかえ

この語りはどのように説明できるだろうか？

「1年間だけですが、イギリスに家族でいました。息子が7歳から8歳のときで、日本人の生徒がまったくいない小学校に通い、英語はすっかりイギリス北部訛りがしみついていました。一時帰国するとき、日本へ向かう飛行機のなかで息子は英語から日本語に切り替えます。そしてイギリスに向かう飛行機のなかでは日本語から英語に切り替えていたのを思いだします。」

114), Thousand Oaks, CA: Sage. pp. 105–107.

[10]　Bourhis, R. Y., Sioufi, R., & Sachdev, I. (2012) Ethnolinguistic interaction and multilingual communication. In H. Giles (Ed.), *The handbook of intergroup communication* (pp. 100–115). New York: Routledge.pp. 102–103 を参照。

[11]　鈴木一代（2007）『海外フィールドワークによる日系国際児の文化的アイデンティティ形成』ブレーン出版

[12]　八島智子・久保田真弓（2012）『異文化コミュニケーション』松柏社

5 フェイスとは何か？
——日常生活のなかのアイデンティティ

アメリカで大学院修士課程に在籍していた頃のこと、個人間コミュニケーション（Interpersonal Communication）のクラスで、講師が選んだ論文を一本ずつ、その内容を発表することになり、筆者が担当したのがフェイスに関する論文であった[1]。

１９９０年代の初めに大学で教鞭をとるようになった筆者は、初めて留学生と接するようになった。当時の留学生の大半は中国人で、彼らと頻繁に接するようになると、彼らは日本での生活の困難さを語るようになった。それほど生活が困難であれば帰国もありうる選択なのではないかと示唆すると、彼らは「私たちには面子がありま す。面子があるので帰れません。先生には中国人の面子がわからないから」と言った[2]。そのことばが突き刺さり、アジア圏内でフェイスにはどのような違いがみられるのか？という設問の下、一定の研究を積んできた。

本章では、フェイスとは何か？　フェイスにはどのような種類があるか？　どのような様相がフェイスの普遍性か？　そしてどのような様相が文化固有か？　そしてアイデンティティとどのような関係にあるか？について論じていきたい。

[1]　この論文は、ばつの悪い（恥ずかしい）場面でのコミュニケーション方略に関する内容で、その場を乗り切るコミュニケーション方略（謝る、言い訳をする、正当化する、冗談を言うなど）にはフェイス（face）が関係していることがわかった。私はこのときの論文をもとに、修士論文では「ばつの悪い（恥ずかしい）場面でのコミュニケーション方略の日米比較対照研究」を執筆するに至った。

[2]　後述するが、この面子ということばがフェイスの起源となっており、フェイスは中国から発信した概念だと言ってもよい。

5-1

フェイス

――相互作用のなかのアイデンティティ

いつも乗っている電車に乗ろうとしている。今朝は家を出るのがすこし遅くなってしまい、駅までとても急いでいる。あまりにも急いで思ったように足が上がらず、つまずいて大勢の人の前で転んでしまった。その拍子にカバンから小銭が落ちて、あたりにばらまいてしまった。「うわ、最悪」と思い、何とも恥ずかしいような、ばつが悪いような場をやり過ごすのに困った。周りには、気づかないようなふりをして行ってしまう人もいたが、「大丈夫ですか？」と声をかける人や、黙って小銭を拾って渡してくれる人などがいて、救われる思いだった。

あなたはこのような経験をしたことがあるだろうか？　このようなとき、あなたはどのような気持ちになるだろうか？　おそらく多くの皆さんは「恥ずかしい」、あるいは「ばつが悪い」と答えるだろう。それではなぜ、私たちは人前で転んでしまったとき、「恥ずかしい」あるいは「ばつが悪い」と感じるのだろうか？

私たちは、自己のあるべき姿と実際の自分の姿にギャップがあるとき、そのギャッ

[1] Goffman, E. (1967) *Interaction ritual: Essays on face-to-face behavior*. Chicago: Aldine. および Ting-Toomey, S. (1994) *Face and facework: Cross-cultural and interpersonal issues*. Albany, NY: State University of New York Press. をもとに、末田清子（2012）『多面的アイデンティティの調整とフェイス（面子）』ナカニシヤ出版（p. 21）で定義している。

[2] Ting-Toomey, S. (2015) Facework/facework negotiation theory. In J. M. Bennett, (Ed.), *The sage encyclopedia of intercultural competence*, Vol. 1 (pp. 325-330), Thousand Oaks, CA: Sage.

[3] 原文は次のとおりである。"face is about a claimed sense of interactional identity in a particular situation." (Ting-Toomey (2015) 同右 p. 325.)

プを「恥ずかしい」と感じる。[1] このように、他者に見せようとする社会的に価値のある自己の姿を**フェイス**（face）と呼ぶ。ティン-トゥーミー[2]によれば、フェイスは私たちが他者からどのように見られたいか、どのような対応を受けたいか、そして私たちも他者のもつ自己概念と期待に即してどのように他者に対応するかを意味するものである。まさに、ある状況におけるインタラクションのアイデンティティである[3]と定義づけられる。フェイスという概念[4]とそのオリジンでもある面子とのニュアンスの違いは後述するが、フェイスはどの文化にもある程度普遍的に存在し、インタラクションにおけるアイデンティティ欲求として筆者はとらえている。

ゴフマン[5]は「インタラクションの儀式」として、人が自己および他者のフェイスをいかに重んじるかについて、以下の4点を明らかにしている。

1 人は自己のフェイス（self-face）および他者のフェイス（other-face）を大切にする。
2 人は自己および他者のフェイスを通常は保とうとする。
3 人は自己のフェイスが侵害されたとき、そのフェイスを補修しようとする。
4 ある人のフェイスが侵害されたとき、その周りの人が当事者のフェイスの補修に助力する。

このインタラクションの儀礼を具現化するためにとるコミュニケーション行動は、**フェイスワーク**（facework）と呼ばれる。つまり、フェイスワークとは、フェイスの

[4] 村田（2013）はブラウン&レヴィンソン（Brown & Levinson, 1978）が論じるフェイスは、面子や顔とは意味が違い、欲求だとしている。
村田泰美（2013）「第9章 ポライトネス」岩田祐子・重光由加・村田泰美『概説：社会言語学』（pp. 131-142）ひつじ書房
Brown, P. & Levinson, S. (1978) Universals in language usage: Politeness phenomena. In E. N. Goody (Ed.), *Questions and politeness: Strategies in social interaction* (pp. 56-289). New York: Cambridge University Press.

[5] Goffman, E. (1959) *The presentation of self in everyday life*. Garden City, NY: Doubleday ／―― (1967) *Interaction ritual: Essays on face-to-face behavior*. Chicago: Aldine.
なお、ゴフマンについては1章（1-3）の注[1]を参照。

損失を修復し、フェイスを高揚させるためにとる言語行動および非言語行動を指す。[6]

前述の四つの点は、冒頭のエピソードのなかにも表れている。意識していたかしていなかったかにかかわらず、大勢の前で転んで小銭をばらまいてしまった当事者は、身体を起こし小銭を拾うという動作をすることによって、ばつの悪さから自らを解放した。同時に、周りの人は、何事もなかったように立ち去ることで、あるいは時間的な制約はあるものの声がけすることで、または一緒に小銭を拾うことで、当事者のフェイスを補修しようとしたのである。実際、「ばつの悪い」状況に対処するコミュニケーション・ストラテジーに関する研究で、「何もなかったように振る舞う」「ことばがけする」「物理的な修復を手助けする」は、当事者とその周りの人たちが当事者の恥ずかしさを軽減させる方略に含まれている。[7]

3章および4章では、アイデンティティについて論じてきた。インタラクションにおけるフェイスと、これまで論じてきた社会的アイデンティティや個人的アイデンティティはどのように違うのだろうか？　図5-1が示すとおり、通常の場合、私たちは自己および他者のフェイスの侵害をフェイスワークというコミュニケーション行動によって修復し、フェイスを保持する。つまりフェイスは、アイデンティティと社会との接点、あるいは緩衝剤として機能している。たとえば、先ほどの大勢の人の前で転んで小銭をばらまいてしまった例に戻ろう。この当事者が「非の打ちどころのない人」と他人から思われている人であったとしよう。「非の打ちどころのない人」が、

[6] Ting-Toomey, S. & Takai, J. (2006) Explaining intercultural conflict: Promising approaches and directions. In J. G. Oetzel & S. Ting-Toomey (Eds.), *The SAGE handbook of conflict communication: Integrating theory, research, and practice* (pp. 691-723). Thousand Oaks, CA: Sage. p. 701.

[7] Sueda, K. & Wiseman, R. L. (1992) Embarrassment remediation in Japan and the United States. *International Journal of Intercultural Relations, 16*, 159-173.

人前で転んでしまったという状況は、その人にとってフェイスを脅かされる状況である。そのため当事者は、「ばつの悪い」思いや「恥ずかしい」思いをしたかもしれないが、何らかのフェイスワークを行いフェイスを修復することで、その人の根幹をなす「非の打ちどころのない人」というアイデンティティの破壊は免れている。

もちろん、フェイスが脅かされる状況は、今回の例に挙げたような「ばつの悪い」状況で心地悪さを感じるような程度から、人の存在価値に関わるものまで範囲が広い。後者については次項で論じることとするが、一点心にとどめておかなくてはならないのは、どの

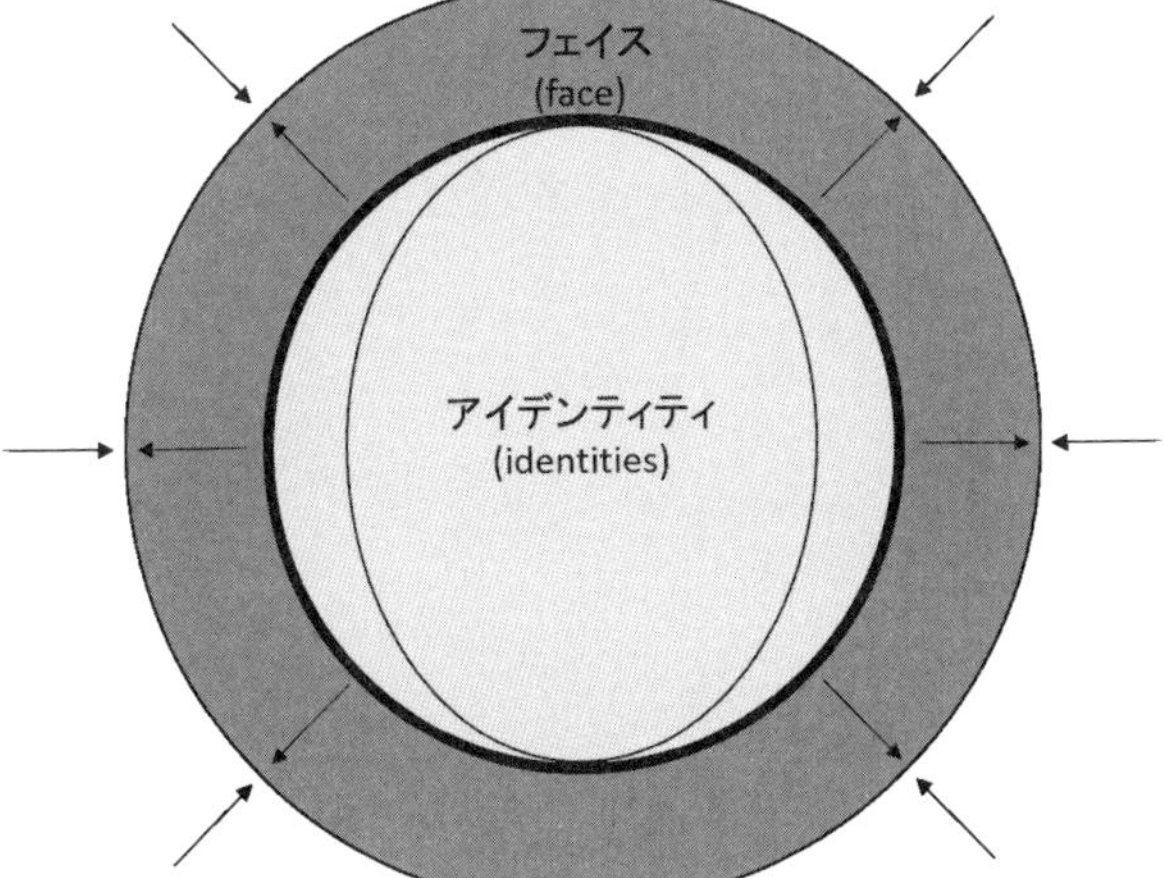

図 5-1　フェイスとアイデンティティ

［8］『英和大辞典第6版』（研究社 2002）を参照。

［9］『ランダムハウス英和大辞典』（小学館（2019）https://japanknowledge-com.hawking1.agulin.aoyama.ac.jp/lib/display/?lid=40010RH06101600（2019/08/14）

［10］Hwang, K. K.（2000）Chinese relationalism: Theoretical construction and methodological considerations. *Journal for the Theory of Social Behavior, 30*, 155-178. および Tao, X.（1997）*Zhongguo Ren de mianzi*［*Chinese people's face*］. Beijing, the PRC: Guoji Wenhua Chuban Gongsi.（井出静 和訳）を参照。

［11］Bond, M. H. & Hwang, K. K.（1986）The social psychology of Chinese people. In M. H. Bond

ような相手とコミュニケーションを行うとしても、自己と他者のフェイスを大事にしてコミュニケーションを行わなければならないということである。冒頭の例のように、何か「失敗」をしなくても、日々コミュニケーション行動をとっている私たちは、どのような状況にあっても、潜在的に自己や他者のフェイスを侵害する可能性をもっていると言っても過言ではない。

コーヒーブレイク8 ―― フェイスの起源

社会科学全般においては、西洋から東洋に伝わった概念や理論が多いのに対し、フェイスはその起源が中国にある。英語の face ということばは、中国から英語圏に輸入されたと言われている。英和辞典[8]によれば、中国在住のイギリス人が社会的な評判という意味で使い始めたとされており、電子辞書[9]でも「中国語『面子』『臉』の翻訳借用」とされている。「木には皮があるように、人には面子がある」[10]ということばが示すとおり、私たちと社会との接点に面子（フェイス）があると考えられる。

フェイスは中国語においては、臉（*lian*）と面子（*mianzi*）という二つの要素があると考えられている。[11] 臉は、人が道徳的規範や倫理的規範を遵守し、その規範を守らないときに感じる廉恥心に関わる。また臉は「あるか、ないか（all or

(Ed.), *The psychology of the Chinese people* (pp. 213-266). London: Oxford University Press／―― (1996) *The handbook of Chinese psychology*. Hong Kong: Oxford University Press／Jia, W. (2001) *The remaking of the Chinese character and identity in the 21st century*. Westport, CT: Ablex／末田清子（1993）「中国人が持つ面子の概念と日本人とのコミュニケーション」『年報社会学論集』6, 191-202／Sueda, K. (1995) Differences in the perception of face: Chinese mien-tzu and Japanese mentsu. *World Communication, 24*, 23-31／Sueda, K. (2014) *Negotiating multiple identities: Shame and pride among Japanese returnees*. Singapore: Springer. などを参照。

[12] 李玲（2017）『中国人消費者の行動分析：「面子」、原産国イメージとグローバル・ブランド消費』文眞堂を参照。

nothing)」で評価される。それに対して面子は、社会的な成功や見栄や、個人の名声や世間的な評判に関わるもので、その程度を量的に判断できるものである。また、面子は本人だけではなく、家族や同郷の人たちまでその恩恵を受けうる拡散型資源である[12]。

しかし、臉と面子はお互いに影響しあっており、切っても切り離せない関係にあるとする研究者もいる[13]。ファン[14]は、前者の臉を倫理的フェイス（moral face）、面子を社会的フェイス（social face）とし、倫理的フェイスに背く行動をとることは、個人の社会的フェイスにも致命的な影響を与えるとしている[15]。十数年前なので今も実際そうであるかわからないが、中国の研究者と談笑していたとき、教授会の議題が話題になった。教員が道徳的・倫理的規範から逸脱した行動をとったとき、それは教授会の議題として大変重要であるとその中国の研究者が述べていたのが印象的だった。

［13］　また Hwang, K. K.（2011）Face dynamism in Confucian society. *China Media Research, 7*(4), 13-24. では、中国語でも地域によって *lian* と *mien* を分けて使っているところもあるが、区別がないところもあるとしている。

［14］　Hwang, K. K.（2006）Moral face and social face: Contingent self-esteem in Confucian society. *International Journal of Psychology, 41*(4), 276-281.

［15］　Hwang, K. K.（2011）Face dynamism in Confucian society. *China Media Research, 7*(4), 13-24. および、Tao, L.（2017）Face perception in Chinese and Japanese. *Intercultural Communication Studies, 26*(1), 151-167／── (2019) A study of evaluating concept of communicative behavior concerning "face." *Studies of Language and Culture*（*Kanazawa University, Departmental Bulletin*）, *23*, 23-42. を参照。

5-2 フェイスの種類

——皆と一緒にいたいとき、一人になりたいとき

■フェイスの性質による分類

欧米において、**フェイス**という概念を学問的に体系づけた先駆者としてまず挙げられるのは、ゴフマン[1]である。1章では、鏡映的自己、つまり他者の目から見た自己(me)を意識することで自己のコミュニケーションを内省することについて論じた。まさに意味ある他者(significant others)や一般化された他者(generalized others)に見られている自己を意識することで、ありたい自己の姿を認識するようになる。それがフェイスである。

ゴフマンのフェイスという概念は、社会科学のさまざまな領域の研究者たちに影響を与えた。語用論においてブラウンとレヴィンソン[2]は、フェイスを**ポジティブ・フェイス**(positive face)と**ネガティブ・フェイス**(negative face)の二つの極相に分けた。人は相矛盾する欲求を同時にもっているものであろう。

誰しも、誰かと一緒にいたい(association)という欲求と、誰からも離れて一人でいたい(dissociation)という欲求とのバランスを何らかのかたちでとっている。言い

[1] Goffman, E. (1959) *The presentation of self in everyday life*. Garden City, NY: Doubleday/— (1967) *Interaction ritual: Essays on face-to-face behavior*. Chicago: Aldine.

[2] Brown, P. & Levinson, S. (1978) Universals in language usage: Politeness phenomena. In E. N. Goody (Ed.), *Questions and politeness: Strategies in social interaction* (pp. 56-289). New York: Cambridge University Press.

[3] ポライトネス(politeness)は単なる丁寧さではなく、自分と相手との距離の近さ(親疎・上下)に見合った丁寧さということができる。ブラウン&レビンソンのポライトネスは日本の研究者たちから日本の文化的価値観に馴染まないものであると批判されてきている。ポライトネスに関する議論については、薮内昭男(2015)『ポライトネスとフェイス研究の

換えれば、ある状況のなかで他者からふさわしいと認められる自己を表出したいという欲求がポジティブ・フェイスであり、自己のテリトリー、自律や尊厳を主張したいという欲求がネガティブ・フェイスである。たとえば、大学の授業で自分がとっていたノートを貸してほしいと頼まれたとしよう。困った人を助ける良い人と思われたいのでノートを貸すのはポジティブ・フェイスの表れである。一方、自分がとったノートなので他の人には貸したくないという欲求はネガティブ・フェイスである。また、自己や他者のポジティブ・フェイスを満たす行為を**ポジティブ・ポライトネス**[3]と呼び、自己や他者のネガティブ・フェイスを満たす行為を**ネガティブ・ポライトネス**と呼ぶ。

　しかし、ポジティブ・フェイスのなかにも、社会の規範を守り周囲と和してうまくコミュニケーションを行うことができるという欲求と、周囲から自分の能力を認めてもらいたいという欲求の二面がある。よって、リンとバワーズ[4]は、上記のポジティブ・フェイスを**親和フェイス**（fellowship face）と**能力フェイス**（competence face）の二つに、ネガティブ・フェイスを**自律フェイス**（autonomy face）とし、三種類のフェイスに分類した。

　この三つの種類のフェイスは、そのバランスをとることが大事であるが[5]、対人関係において行き違いも少なくない。たとえば、大事にしている友人には心配をかけたくないので、悩み事をその友人には相談しなかったとしよう。後でそのことがわかった

諸相：大きな物語を求めて』リーベル出版、に詳しい。

[4] Lim, T. & Bowers, J. W. (1991) Facework: Solidarity, approbation, and tact. *Human Communication Research, 17*, 415-450. 3種類のフェイスの和訳は末田清子（2012）『多面的アイデンティティの調整とフェイス（面子）』ナカニシヤ出版参照。

[5] Cupach & Imahori（1993）は、フェイスとアイデンティティという二つのことばを互換的に使っており、その関係について明示していないが、Lim & Bowers（1991）が提示した3種類のフェイスのバランスをとることの大切さについて論じている。Cupach, W. R. & Imahori, T. T. (1993) Identity management theory: Communication competence in intercultural episodes and relationships. In R. L. Wiseman & J. Koester (Eds.), *Intercultural competence*

友人は、「言ってくれればよかったのに」「友だちなのに水臭い」と言ってくることがあるかもしれない。大変な問題だからこそ心配をかけたくないと考えるとき、あなたは友だちの自律フェイスを脅かさないようにし、自分の自律フェイスも保持して自己解決しようとする。しかし、友人に相談しないことで、その友人は友人としての親和フェイスを脅かされたと感じることがあるかもしれない。筆者は海外から大学の先生をお招きして講演をしていただくときに、どのくらい「接待」するかいつも迷う。その方が初めて来日するか、日本にどのくらい興味があるかにもよるし、何でも一人で冒険したい方か、すべてこちらがお膳立てすることを喜ばれるかによっても違う。おもてなしをしすぎても相手の邪魔となり自律フェイスを脅かしてしまうし、まったくおもてなしをしないなら、相手も自分も親和フェイスを充足させることができない。

　前節にあるように、倫理的フェイスに背く行動をとることは、個人の社会的フェイスにも致命的な影響を与える。よって、図5-2では倫理的フェイスを、親和フェイス、自律フェイス、そして能力フェイスの根幹をなすものとして描いた。倫理的フェイスを取り巻く3種類のフェイスは、当事者の性格や、対峙する人や、そのときの状況などによってそれぞれ動的に大きさが変わる可能性があり、また位置も固

(pp. 112-131). Newbury, CA: Sage/Lim, T. & Bowers, J. W. (1991) Facework: Solidarity, approbation, and tact. *Human*

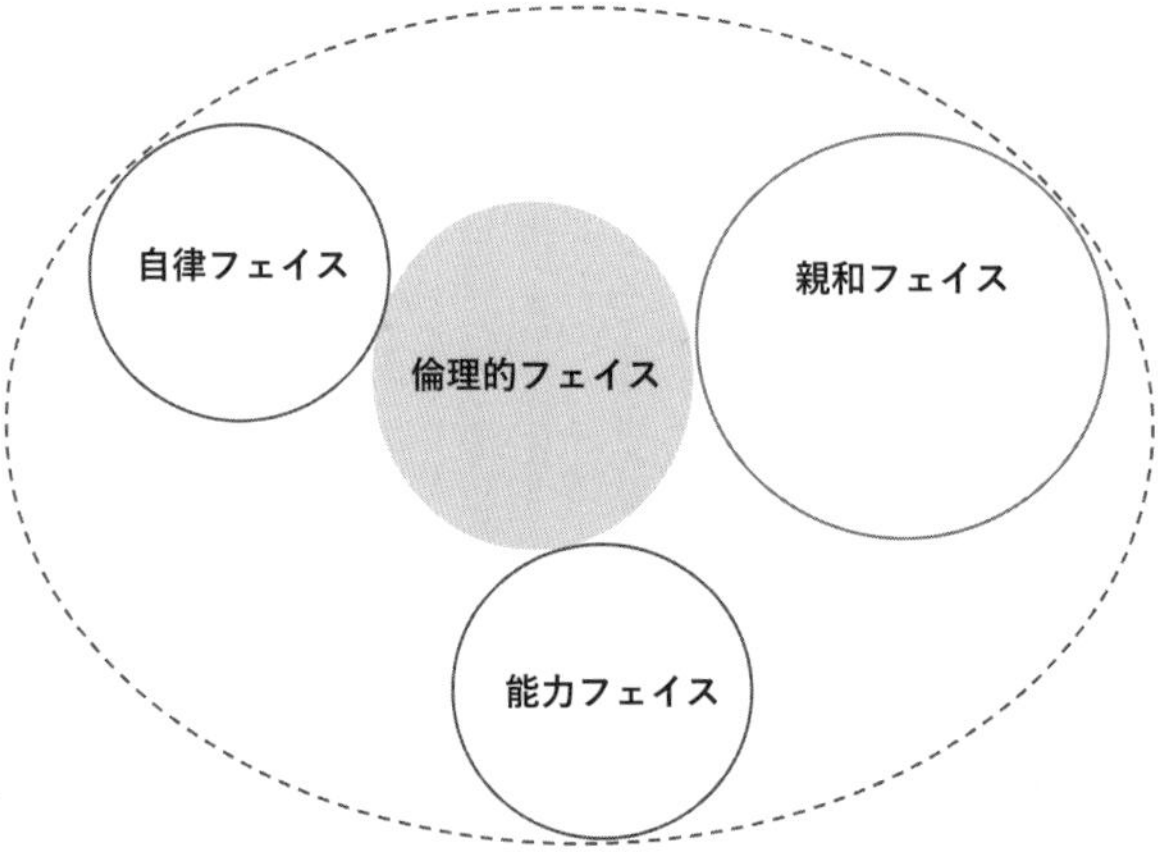

図5-2　フェイスの様相

定的ではない。

親和フェイス、自律フェイス、能力フェイスという三つの分類については、さらに細分化する研究者もいるが、筆者はさらに細分化された分類よりも[6]シンプルで説明力があり、かつ汎用性が高いので、後続の節においてもこの枠組みを主に使うこととする。

■フェイスの所在、状態、時間軸からの分類

前項の分類がフェイスの性質からの分類であったのに対し、ティン-トゥーミー[7]は次の三つの観点からもフェイスを分類している。

まず、フェイスの所在がどこにあるかに関する分類として、**自己フェイス**（self-face）、**他者フェイス**（other-face）、**相互フェイス**（mutual-face）があるとしている。つまり、フェイスワークには自己のフェイスを守るものか、他者のフェイスを守るものか、お互いのフェイスを守るものか、主に三つの志向があるとし[8]、そのどれに志向するかは、文化による社会化のプロセスの違いや、個人の性格や、状況的な要因が関係するという。しかし、自己フェイス、他者フェイス、相互フェイスの区別は難しい。スペンサー-オーティとワン[8]は他者フェイスに気遣うのは、見返りとして自己フェイスに戻ってくるという目算によるのではないかとし、文化によるフェイスの志向の違いについて批判的な見解を述べている。また、自己フェイス、他者フェイス、相

Communication Research, 17, 415-450.

[6] Ting-Toomey (2015) は、さらに power face, status face なども加えている。
Ting-Toomey, S. (2015) Face-work/facework negotiation theory. In J. M. Bennett (Ed.), *The sage encyclopedia of intercultural competence*, Vol.1, (pp. 325-330). Thousand Oaks, CA: Sage.

[7] Ting-Toomey. S. (1988) Intercultural conflict styles. In Y. Y. Kim & W. B. Gudykunst (Eds.), *Theories in intercultural communication* (pp. 213-235) Newbury Park, CA: Sage/Ting-Toomey, S., & Oetzel, J. (2007) Intercultural conflict: A culture-based situational model. In P. J. Cooper, C. Calloway-Thomas, & C. J. Simonds (Eds.), *Intercultural communication: A text with readings* (pp. 121-131). Boston, MA: Pearson Education/Ting-

互フェイスに加えて、自分たちが所属する集団のフェイスに関わる**共有的フェイス**(communal face)がある。この共有的フェイスは個人のフェイスというよりは、自分が所属する組織、地域、文化圏、国などのイメージに関わるものである。

次に、フェイスの状態に関わる分類がある。フェイスが脅威にさらされているのか、フェイスが侵害されているか、フェイスを保持しようとしているのか、そしてフェイスが高揚されているのかである。この状態について通常私たちは意識していないが、フェイスのバランスが崩れると気づくことになる。この点については次章で詳述する。

三つめは、時間軸の違いによる分類である。事前にフェイスの侵害を防ごうとするか(proactive)、事後にフェイスの侵害を修復するか(retroactive)である。たとえば、相手が知っているかもしれないことを話題に出すとき、「すでにご存知のこととは思いますが……」などと前置きするのは、事前に相手のフェイスの侵害を避けようとすることばがけである。一方、サービス業などで顧客への対応の不備に対して、何度も謝るのは、事後のフェイス修復のためにとるコミュニケーション行動である。

Toomey, S. (2017) Facework and face negotiation theory. In Y. Y. Kim (Ed.), *The international encyclopedia of intercultural communication*. New Jersey: John Wiley. Online. doi: 10.1002/9781118783665.ieicc0105 communal face については Ting-Toomey (2017) 前掲、を参照。

[8] Spencer-Oatey, H., & Wang, J. (2019) Culture, context, and concerns about face: Synergistic insights from pragmatics and social psychology. *Journal of Language and Social Psychology*, 38, 423-440. https://doi.org/10.1177%2F0261927X19865293

5－3

文化とフェイスの志向

――文化圏によってフェイスは違うのか？

■フェイスワークの普遍性

もう20年くらい前のことであろうか。筆者はビジネスパーソンを対象にフェイスに関する調査を行っていた。通常、フェイスにどのように気をつけてコミュニケーションを行っているかについて質問したとき、ある調査協力者は以下のように答えた。

「そうですね、私が前に日本企業で働いていたとき、相手が自分の言ったことに関してどのように思っているのか、気にしながら仕事をしていたんですが、今はそうですね、外資系に転職して、何でもポンポン好きなことを言っているので、フェイスとか面子とか前近代的なことに気を遣わなくてもいいんです。ごめんなさい、お役に立てなくて……」

残念ながらこの方には調査に協力していただけなかったが、この回答は「フェイスは前近代的なものであり、外資系（この場合欧米系）の企業という枠組みには見られないものである」という、そのビジネスパーソンの意識を示していた。フェイスという概念が、時代遅れで非合理的なものなので、そのようなものはそのときの職場である「進歩的な」外資系の企業には存在しないという、この人の見方（あるいはフェイス）が反映されている発言で興味深かった。

それでは、フェイスは特定の時代や文化圏に規定される概念であろうか？『ミート・ザ・ペアレンツ』[1]という映画がある。アメリカのシカゴで看護師をしているグレッグが、ガールフレンドのパムとともに、その妹デビーの結婚式に参列するためにニューヨークにあるパムの実家に向かった。パムとグレッグが妹のフィアンセ、ボブとその家族に会ったとき、パムは、「医師よりも患者と関われるから看護師をしている」と言って、グレッグが医師の国家試験にも合格したのに、あえて看護師になったことを強調した。これは、妹のフィアンセであるボブが医師であることも背景にある発言であるが、グレッグが有能な人であることを強調した場面、つまりグレッグの能力フェイスを保つための発言と考えられる。

筆者がまだフェイスという概念を知らない、大学院生になりたての頃である。ホストファミリーの家族と長い期間旅行に行く機会があった。帰宅したとたん、ホストファザーがホストマザーに、「やっと、我が家に戻ってきた。パット（Pat）、いつも君が部屋をきれいにしてくれているから、戻ってきても気持ちいいね」と言った。夫婦間でこのように「褒める」ことがあるのかと驚いた。さらに驚いたのは、ホームステ

[1]　パラマウントジャパン（2000）"Meet the parents" は、その後シリーズでⅡ、Ⅲに続く。

[2]　Ting-Toomey, S. (2017) Facework and face negotiation theory. In Y. Y. Kim (Ed.), *The international encyclopedia of intercultural communication*. New Jersey: John Wiley Online. を参照。

[3]　状況のコンテクストおよび文化のコンテクストについては、末田清子（2011）「第9章　コミュニケーションの場と背景：コンテクスト」末田清子・福田浩子（編）『コミュニケーション学：その展望と視点　増補版』(pp. 125-138) 松柏社 を参照。

イ先で旅行に出かける前に、家の掃除を担当していたのは私であったことである。この発言は愛情表現の一種ではあろうが、妻であるパットのフェイスを高揚させようとしたホストファザーの発言であった。

　このように、フェイスは、必ずしも前近代的なものでもなく、東洋のみにおいてその存在が確認されるものでもない。また、冒頭（5-1）のつまずいて小銭をまき散らしてしまった例のように、人は通常の場合は、自己あるいは他者のフェイスが侵害されたり、脅威にさらされたときは、自己あるいは他者のフェイスを保持あるいは修復しようとする。つまり、ティン-トゥーミー[2]がフェイス交渉理論（Face Negotiation Theory）で述べているように、人は皆、どの文化圏の出身であっても、コミュニケーション行動を通して、自己や他者のフェイスを交渉しているということである。

■フェイスワークの文化固有性

　フェイス交渉理論では、フェイスの普遍性について論じている一方で、特定の状況下の個人のフェイスの意味は、文化的枠組みや世界観によって異なる解釈がなされ、フェイスワークも文化的な枠組みに規定されるとしている。それでは、フェイスの志向やフェイスワークは、どのような要因に影響されうるのであろうか？

　まず、コミュニケーター（コミュニケーションの当事者）の性格によって、フェイスの志向やフェイスワークは大きく影響を受けるものと考えられる。たとえば、コミ

［4］ Halliday, M. A. K. (1978) *Language as social semiotic: The social interpretation of language and meaning.* London: The Open University. を参照。

［5］ Mey (1993) は、どの程度制度化されているかで、社会的 (social) と社会制度的 (societal) を区別している。たとえば、コミュニケーションの二者間がどのくらい親しいかは社会的ととらえることができるが、組織の上下関係は慣習化され、なかなか変化がないという意味で社会制度的である。

Mey, J. L. (1993) *Pragmatics: An introduction.* Oxford: Blackwell. ［ヤコブ・メイ／澤田治美・高司正夫（訳）(1996)『ことばは世界とどう関わるか：語用論入門』ひつじ書房］

ユニケーターが負けず嫌いであった場合は、図5－2に示されているように、倫理的フェイスをとり巻く三種類のフェイスのなかで能力フェイスへの志向がかなり強くなり、たとえ娯楽目的のゲームであっても、負けたら保身のため言い訳をするというようなフェイスワークを行うことであろう。

そして個人を取り巻き、その個人のフェイスの志向やフェイスワークに影響を与えている要因は、図5－3に示されているように、複数のレベルに重なっていると考えられる。まず、個人を取り巻いている三つの同心円の一番内側に、状況のコンテクスト（context of situation）[3]がある。状況のコンテクストとは、あるコミュニケーション行動を取り巻くその場の状況のことで、動的に変化するものである。その要素としては、ハリデイ[4]の提示する活動領域、役割関係、伝達様式が含まれる。たとえば、**活動領域**は「何についてのコミュニケーションか」、「誰がコミュニケーションをしているのか」、**役割関係**は「コミュニケーター同士はどのような社会的距離をもつか（心理的距離、力関係、上下関係）」などである。また、**伝達様式**は「どのような形態（話しことば、書きこと

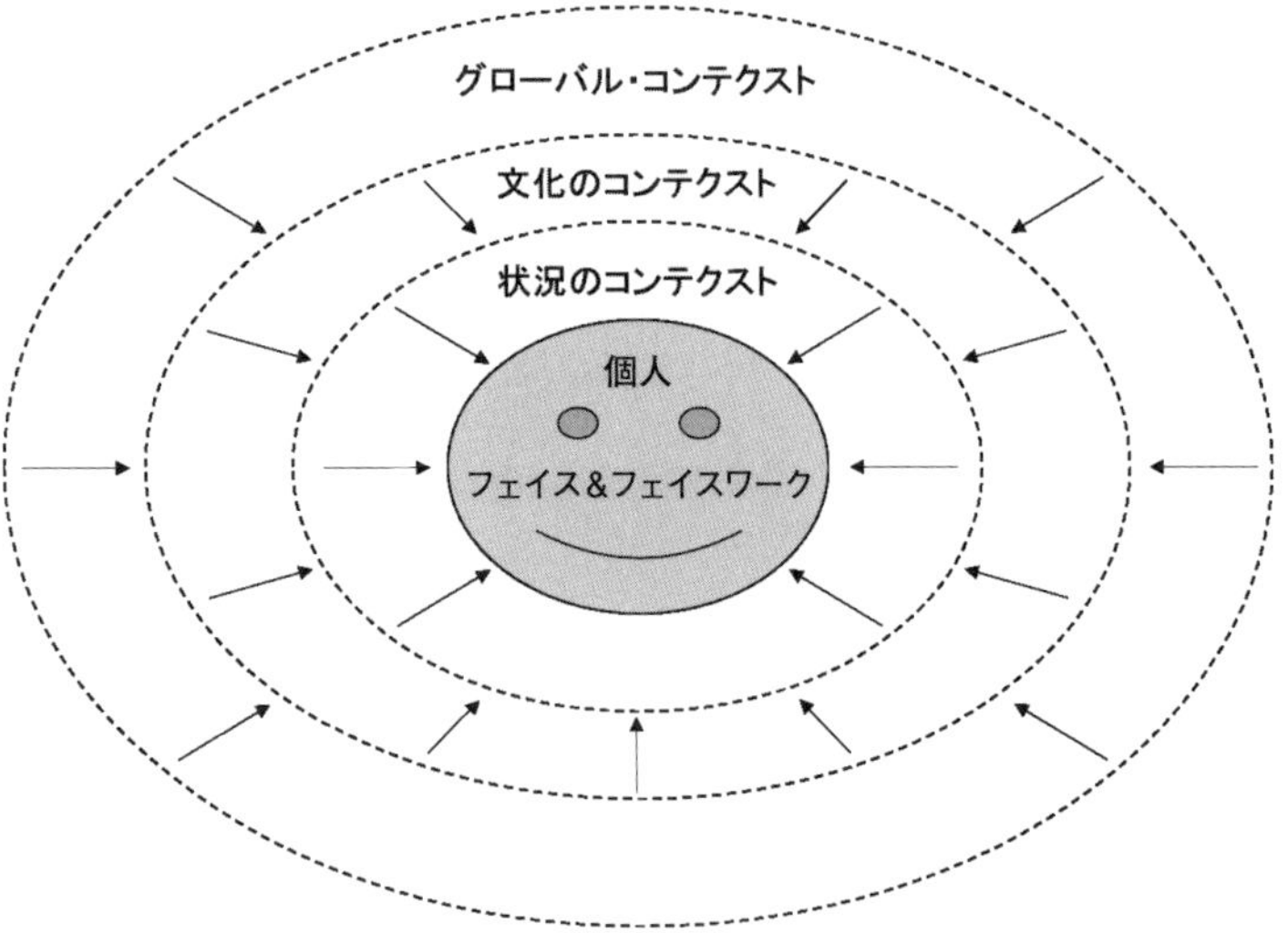

図 5-3　フェイスの志向とフェイスワークに影響する要因

ば）で伝えられるか」などに関わる。

図5－3の真ん中の円の文化のコンテクスト（context of culture）は、コミュニケーションが起こっている場を取り巻くもので、状況のコンテクスト（social）を取り巻く静的で社会制度的（societal）なものである。[5]さらに外円にあるのがグローバル・コンテクストである。たとえば、日本の一般企業の雇用形態として非正規雇用がリーマンショック[6]以降かなり多くなったと言われている。[7]その結果、終身雇用制度や年功序列制度が以前ほど機能しなくなり、年下の上司に報告することも珍しくはなくなってきている。[8]このような傾向は世界の経済的政治的情勢と無縁ではないことからも、グローバル・コンテクストが文化のコンテクストに影響を与え、ひいてはそれが状況のコンテクストや個人に影響を及ぼすと考えられる。

［6］矢野武（2019）によると、「アメリカの大手証券会社・投資銀行リーマン・ブラザーズの破綻《はたん》（２００８年9月15日）が引き金となった世界的な金融危機および世界同時不況」とされている。詳細は https://japanknow-ledge-com.hawking1.agulin.aoyama.ac.jp/lib/display/?lid=1001050307694（2019/03/12）参照。

［7］樋口美雄（2018）「日本の労働市場の変質と非正規雇用の増加：同一労働同一賃金をめぐって」『日本労働研究雑誌 ２０１７年度労働政策研究会議報告』*691*, 39-49.

［8］Sueda, K.（2018）Japanese women managers' employee-oriented communication styles: An analysis using constructivist grounded theory. *International Journal of Business Communication*. doi: 10.1177/2329488418803659

5-4
状況のコンテクストとフェイス
――状況により表出されるフェイス

文化固有、つまり**イーミック**（emic）[1]の視点から、ファン[2]は、華人のフェイス（面子）がどのような人間関係で機能するかについて論じている。まず、親密な間柄は人情に基づいており、フェイスはあまり機能しない。仕事上あるいは道具的な関係は、フェイスを気にしなくてよい。フェイスが一番機能するのは、人情で結びついている親密な関係でも道具的な関係でもない、その中間的関係であるとしている。たとえば、筆者はかつての勤務校で調査をしていたときの中国人の客員教授に質問紙配布を依頼したが、そのやりとりにはフェイスが反映していた。筆者はコミュニケーションに関する日中比較研究で質問紙調査を実施しようと、中国側のデータ収集をその客員教授に依頼した。２００件の回答を得ようとしたところ、３００件近くも回答を得たことがあり、それはその中国人の先生がまさに筆者の顔を立てようとした結果だとわかった。ファンの理論に従えば、筆者とその先生は親しい友人でもないが、ビジネスライクな付き合いでもなかったので、筆者を助けることからくる実質的利益も視野に入れて、中国人の先生は行動したということになる。

[1] ファンは、自らの研究に言及するときに固有文化心理学（indigenous psychology）ということばを使用しているが、筆者はそれを方法論的な意味も含めてemicと解釈した。JapanKnowledge Lib（2019）によると、emicは「文化人類学などで、ある現象を分析する方法の一。人びとが現象をどう意識・識別しているかを内側から分析するもの。phonemic（音素論の）という語の後の部分を取ってつくられたことばで、eticと対をなす。」とされている。筆者はイーミックの視点から行った研究の成果はエティックにフィードバックすることで、さらに新たな知見を得られると考える。JapanKnowledge Lib.（2019）Emic. https://japanknowledge-com.hawking1.agulin.aoyama.ac.jp/lib/display/?lid=2001000713450（2019/09/08）

[2] Hwang, K. K.（2000）Chinese relationalism: Theoretical construction and methodological

それでは、人間関係の親疎・上下などは、フェイス志向とフェイスワークにどう影響を与えるだろうか？ 橋元ら[3]は、9言語（日本語、韓国語、中国語、タイ語、インドネシア語、英語、ドイツ語、ポルトガル語、ブルガリア語）を対象として「依頼」、「拒否」、「注意・忠告」「釈明・謝罪」について調査を行った。それぞれのスピーチ・アクトが直接的な表現でなされるか、間接的に表現されているかが、人間関係とどう関係するかについて分析している。程度の違いはあるが、どのスピーチ・アクトについても、すべての言語で親しい関係の人や年下の人に対しては直接的表現をすることがわかった。同様に、あまり親しくない人や年上の人に対しては、間接的な表現をすることもわかった。

また王[4]は不同意のコミュニケーションについて、中国語母語話者と日本語母語話者とを比較した。そのなかで、親疎関係は両言語の母語話者ともに影響する[5]が、中国語母語話者よりも日本語母語話者に顕著に見られる傾向として、先輩・後輩、年上・年下という要因が大きく影響することがわかった。具体的には、日本語母語話者は、後輩や年下の人に対しては遠慮なく直接的に不同意を表明するが、先輩や年上の人に対して不同意を表明しない傾向があるという。

それでは、相手のフェイスを高揚させるようなコミュニケーションの場合はどうであろうか？ 「褒める」あるいは「お世辞を言う」に関する調査にも興味深いものがある。

considerations. *Journal for the Theory of Social Behavior*, 30, 155-178/Hwang, K. K. (2011) Face dynamism in Confucian society. *China Media Research*, 7(4), 13-24. を参照。

[3] 橋元良明と異文化コミュニケーション研究会'91（1992）「婉曲コミュニケーション方略の異文化間比較：9言語比較調査」『東京大学社会情報研究所　調査研究紀要』第1巻 107-159.

[4] 王萌（2013）『日本人と中国人の不同意表明：ポライトネスの観点から』花書院、を参照。

[5] 前掲の王（2013）によれば、中国語母語話者は家族と「親しい人」との区別を日本語母語話者ほどしないとしている。

バーランドと荒木[6]は、日本人とアメリカ人の「褒める」というスピーチ・アクトに関する比較調査を行った。その結果、アメリカ人は親しい関係性において、直接的に、しかも頻繁に褒めあうのに対し、日本人は夫婦などの親しい関係性においては褒めるなどはしない。せいぜいあまり親しくない人に対して控えめに褒める傾向があることがわかった。このことは、笹川[7]の著書で挙げられていた例にも呼応している。著者は自分の身内である弟を褒めることに抵抗があり、アメリカ人の友人に以下のように言ったそうだ。

「ウチの弟はほんとに馬鹿で、失敗ばかり。試験の前に、一生懸命勉強したのに全然違う問題が出たり、女の子にもふられてばかりで（笑）」

するとそのアメリカ人の友人は、著者と弟さんとの間に何か悪いことがあったのかと尋ねてきたという。あえて自分の身内を謙遜するつもりで言ったわけだが、そのような表現に慣れていない人が聞くと、かなり違和感がある会話になってしまう。

また、松浦[8]が行った調査においても、前述の調査結果を支持するような結果が出ているが、松浦は親疎関係が褒めるスピーチ・アクトに影響を与えることに関して、親疎関係というよりもウチ・ソト[9]という要因で解釈している。つまり、アメリカ人が親しい関係性でより褒め、日本人がそれほど親しくない他者を褒めるのは同じである

[6] Barnlund, D. C., & Araki, S. (1985) Intercultural encounters: The management of compliments by Japanese and Americans. *Journal of Cross-Cultural Psychology, 16*, 9-26. 参照。

[7] 笹川洋子（2016）『日本語のポライトネス再考』春風社、を参照。

[8] Matsuura, H. (2004) Compliment-giving behavior in American English and Japanese. *JALT Journal, 26*(2), 147-170. を参照。

[9] ウチ・ソトについては、中根千枝（1967）『タテ社会の人間関係』講談社現代新書に詳しい。

が、日本人の場合に、それは親疎関係というよりもウチ・ソトという区別が影響を与えているという。

この松浦の論文で、他にも着目したい点が2点ある。まず、褒める行動は、アメリカ人に関してはジェンダーの影響が男性よりも女性に顕著に見られるが、その男女差はアメリカ人のほうが日本人に比べて大きかった。またアメリカ人の場合、相手の社会的地位が高く力関係において優位な相手を褒めることは距離を縮める妨げになっていたが、日本人の場合は、褒めることが相手との社会的距離や力関係の優劣の差の大きさをも越えて、両者の心理的距離を縮めることになることもわかった。

■文化のコンテクストとフェイス

文化のコンテクストがフェイスの志向やフェイスワークに影響を与える要因として、ホールの高（ハイ）コンテクスト文化‐低（ロー）コンテクスト文化[10]、ホフステッドなどが提示した個人主義的文化圏‐集団主義的文化圏[11]や、権力格差（power distance）などの要因[12]、さらに北山とマーカスの文化的自己観[13]が挙げられる。

まずコンテクストとはコミュニケーター同士が既に共有している情報で、言語化して伝達する情報を補うものである。たとえばコミュニケーター同士が同質性の高いバックグランドをもち、すでに多くを共有している場合は、言語化して伝える情報は少ない。逆に、コミュニケーターのバックグランドが異なり、互いについての情報や価

[10] Hall, E. T., & Hall, M. R. (1990) *Understanding cultural differences.* Yarmouth, ME: Intercultural Press. および、末田清子（2011）「第9章　コミュニケーションの場と背景：コンテクスト」末田清子・福田浩子（編）『コミュニケーション学：その展望と視点 増補版』松柏社 pp. 125–138.

[11] Hofstede, G. H. (2003) *Culture's consequences: Comparing values, behaviors, institutions, and organizations across nations* (2nd ed.). Thousand Oaks, CA: Sage. / Hofstede Insights (2021) Compare countries. https://www.Hofstede-insights.com/product/compare-countries/ (2021/04/18)

[12] 同右。

[13] 北山忍（1994）「文化的自己観と心理的プロセス」『社会心理学研究』*10*, 153-167. /Kitayama, S., & Markus, H. R. (1995) The

値観や考え方などをあまり共有していない場合は、多くを言語化して伝えなければ何が言いたいかわからない。コンテクストは二項対立の概念ではないが、わかりやすくするために図５－４ａにはコンテクスト性が高い場合のコミュニケーションを、図５－４ｂにはコンテクスト性が低い場合のコミュニケーションを記した。

高コンテクストの状況において私たちはあまり多くを言語化する必要はなく、意味が物理的設定や非言語メッセージに内在化している。よって逐一言語化し、直接的な表現方法を用いると相手のフェイスを傷つけることにもなりかねない。たとえば共有されている情報が多いところで逐一言語化すると、相手を馬鹿にしたように思われてしまうこともある。他方で、低コンテクストな状況においては多くを言語化し、直接的な表現でコミュニケーションしないと何が言いたいのか伝わらないことが多い。つまり、同質性の高い文化圏では婉曲表現が用いられ、相手のフェイスに配慮するコミュニケーション行動がとられる。多文化環境および多民族国家においては、自

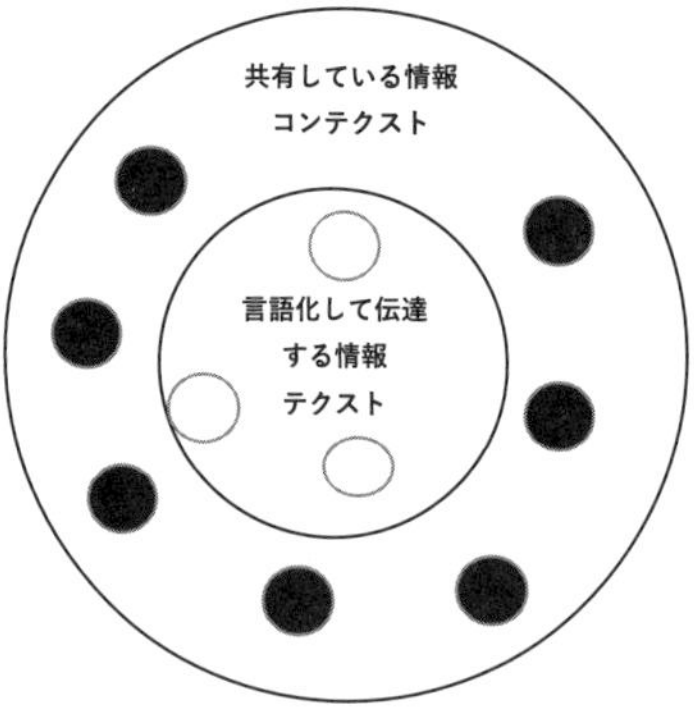

図 5-4a　高コンテクストのコミュニケーション

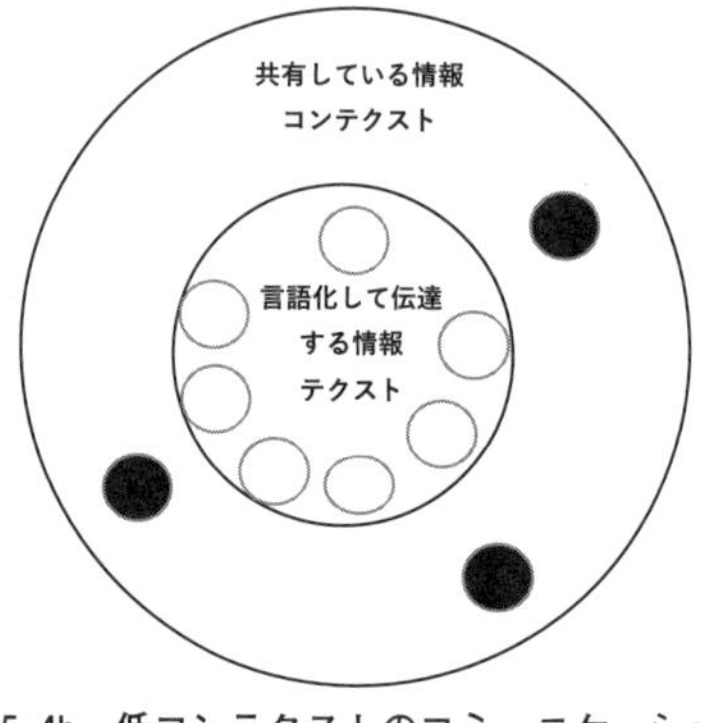

図 5-4b　低コンテクストのコミュニケーション

culture and self: Implications for internationalizing psychology. In N. R. Goldberger & J. B. Veroff (Eds.), *The culture and psychology: A reader* (pp. 366-383). New York: NYU Press.

らのフェイスを重視した直接的なコミュニケーションスタイルが重要になる。

次にフェイスの志向やフェイスワークに影響を与えうる集団主義的文化圏と個人主義的文化圏についてみてみよう。集団主義的か個人主義的かはその文化が個人かあるいは集団のどちらに忠実であるかの度合いである。集団の利害や権利や目標を個人のそれよりも優先させる文化圏が集団主義的文化圏であり、その逆が個人主義的文化圏である。

ティン-トゥーミー[14]によれば、個人主義的文化圏ではネガティブ・フェイスへの志向がみられ、集団主義的文化圏では周囲との親和を大事にし、社会から相応しいと認められる行動をとること、つまりポジティブ・フェイスへの志向がみられるという。

さらに、権力格差（power distance）は権力のない者が権力の差を許容する度合いであり、平等意識が高いところは、フェイスの意識もそれほど強くないし、他者フェイスをそれほど気遣う必要がない。他方で、権力格差の指標が高いところは自己フェイスとともに他者フェイスに配慮する必要性が高くなるであろう。

北山とマーカスの文化的自己観の違いもまた、フェイスの志向とフェイスワークに影響を与える要因である。西欧においては自己は取り巻く人からも独立した自己観をもっているが、東洋においては自己はその取り巻く人々と相互依存的な自己観をもっている。よって、独立的自己観をもつ人は他者フェイスよりも、自己フェイスを志向し、相互依存的自己観をもつ人は自己フェイスよりも他者フェイスあるいは相互のフ

〔14〕 Ting-Toomey, S. (1988) Intercultural conflict styles. In Y. Y. Kim & W. B. Gudykunst (Eds.), *Theories in intercultural communication* (pp. 213-235) Newbury Park, CA: Sage/Ting-Toomey, S., & Oetzel, J. (2007) Intercultural conflict: A culture-based situational model. In P. J. Cooper, C. Calloway-Thomas, & C. J. Simonds (Eds.), *Intercultural communication: A text with readings* (pp. 121-131). Boston: Pearson Education/Ting-Toomey, S. (2015) Facework/facework negotiation theory. In J. M. Bennett (Ed.), *The sage encyclopedia of intercultural competence*, Vol. 1 (pp. 325-330). Thousand Oaks, CA: Sage/Ting-Toomey, S. (2017) Facework and face negotiation theory. In Y. Y. Kim (Ed.), *The international encyclopedia of intercultural communication*. New Jersey: John Wiley. Online. doi: 10.1002/9781118783665.ieicc0105 を参照。

ェイスを志向する傾向があるという。

この傾向は、図5-5にあるように、コンフリクト解決法にも顕著に表れる。キルマンとトーマス[16]のコンフリクト解決モデルにおいて、個人主義的かつ低コンテクストの文化圏の人は、自らの利害を直接的かつ言語的に主張する強制（dominating/competing）の方略か、話し合いによる協調（collaborating）により解決する傾向がある。それに対し、集団主義的かつ高コンテクストの文化圏の人は、間接的コミュニケーションで妥協（compromising）や、服従（accommodating）や、回避（avoiding）をする傾向があるという。ティン-トゥーミーは当事者の個性や関係性、状況などが状況の解釈やフェイスワークに大きく影響するとしているものの、フェイス交渉理論の中心にあるのは文化本質主義的[17]な考え方であり、状況の解釈に影響を与える文化的特質は大きく変わらないという考え方に基づく。

同じ東アジアであっても、日本人と中国人と韓国人とでは、フェイスのとらえ方の違いが浮き彫りになることがあり、その違いからコミュニケーション・ギャップが生じることがある。筆者が行った日本人と中国人のフェイスの概念の違いとそれによるコミュニケーション・ギャップに関する調査[18]で、コミュニケーション・ギャップの原因の一つが「お礼を言う・言わない」であった。調査協力者の日本人の主張は、「お礼を言わないのは失礼だ」ということである。つまり「親しき仲にも礼儀あ

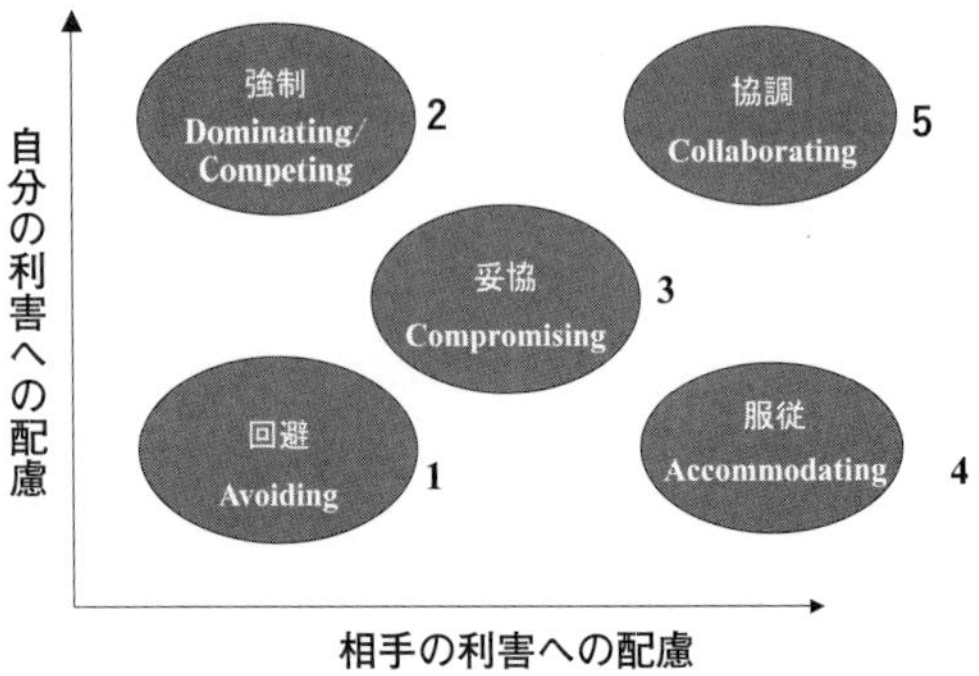

図5-5　コンフリクト解決モデル[15]

[15] Kilmann, R. H., & Thomas, K. W. (1977) Developing a forced-choice measure of conflict-handling behavior: The "MODE" instrument. *Educational and Psychological Measurement*, 37, 309-325. および鈴木有香（八代京

り」なので、どんなに親しくても親和フェイスがあるのでお礼を言う必要がある。しかし、調査協力者の中国人の主張は、「親しい仲なので挨拶は必要ない」ということである。お礼を言えばそれは、かえってお互いの親和フェイスの侵害となってしまうのである。これは前述のファンの言う感情的につながっている関係性においては、頼まれれば相手が望むことをするのは当然のことであるという原理に合致する。

また、金[19]は、相手から依頼や誘いを受けたときの「断り」に関する日韓の比較調査を行った。その結果、日本人・韓国人ともに、基本的には親和フェイスを重視しているものの、日本人と韓国人における親和フェイスの意味が質的に異なることがわかった。日本人の場合、関係性の親疎に関係なく、ある程度の距離を保つことで親和フェイスを守ろうとしていたのに対して、韓国人の場合、「断り」という気まずくなる可能性が高い状況で、冗談や悪口をユーモアを交えて断ったりするということがあり、これは日本人には見られない傾向であった。韓国人の調査協力者は、親しい関係だからこそ冗談や悪口を言い合うことで関係性にあえて亀裂が入らないよう働きかけていたことが、フォローアップ・インタビューの結果からわかった。

さらにジェンダーも、フェイスの志向やフェイスワークに影響する文化的な要因とされてきた。たとえば女性は、日常生活においても職場においても、関係性志向が強く、共感関係を築き、相手との類似性や共通体験を示すことに重点をおいてコミュニケーション行動をとるとされている。それに対して、男性はタスク志向が強く、自律

子監修）（2004）『交渉とメディエーション』三修社、を参照。

[16] 前掲のKilmann & Thomas (1977) を参照。コンフリクト解決モデルについては、「6-1 コンフリクト」も参照。

[17] 本質主義（essentialism）は、ある文化的本質がものの見方や意味づけを規定し、その本質は変わらないものであるとする。Sorrells, K. S. (2015) Essentialism. In J. M. Bennett (Ed.), *The Sage encyclopedia of intercultural competence, 1* (pp. 297-299). Thousand Oaks, CA: Sage.

[18] 末田清子（1993）「中国人が持つ面子の概念と日本人とのコミュニケーション」『年報社会学論集』6, 191-202. およびSueda, K. (1995) Differences in the perception of face: Chinese mien-tzu and Japanese mentsu. *World Communication, 24*, 23-31. を参照。

して何でもできるという自分を表出しようとするという。[20] つまり、リンとバワーズの分類[21]からすると、女性は親和フェイスが、男性は自律フェイスおよび能力フェイスが強いということになる。

しかし、こういった志向は、どのような状況であるか、またコミュニケーターがどのくらい役割期待に応えようとするかどうかによって左右される可能性がある。たとえば、ブラウン[22]は、マヤインディアンの農村集落があるメキシコで行ったフィールドワークの結果、女性たちが自分のフェイスや名誉が傷つけられたとき、フェイスの修復のために通常ふさわしいとされるコミュニケーション・スタイルとはかけ離れたコミュニケーション・スタイルをとることに注目した。その集落では日常的な会話において女性は控えめで感情を顕わにすることを控え、相手の話の腰を折らず、相手の発言に親和的に同意するように育てられる。そこから逸脱するコミュニケーション行動をとった場合は家族に注意を受けることになる。しかし、所有物をめぐる争いで、その争いが自分のフェイスの保持や修復に関わる法廷の場で、女性たちが相手の発言が終わらないうちに割り込むことを繰り返し、ふだんよりも頻繁に修飾的疑問文(rhetorical question) や皮肉を多用したという。そのことによって怒りがさらに顕わになり、相手の心に突き刺さるとブラウンは分析している。実際、修飾的疑問文は質問の形式をとっていながら、相手に対する非難や叱責をより強く表明することにもなる。たとえば「なぜあなたはこんなところにいるんですか？」と問いかけるのは、

[19] 金利京 (2017)「大学生の「断り方」に見られる日本人と韓国人の面子の比較研究」青山学院大学修士論文、を参照。

[20] たとえば、Tannen, D. (1990) *You just don't understand: Women and men in conversation.* NY: Harper Collins/Tannen, D. (1994) *Talking from 9 to 5 : Women and men in the workplace – Language, sex and power.* New York: Avon Books. そして、Sage (2010) Sage Research Methods video script. Communication or Frustration: Men & Women in Dialogue. doi: https://dx.doi.org/10.4135/9781526457714 を参照。

[21] 「5-2 フェイスの種類」参照。

[22] Brown, P. (1990) Gender, politeness and confrontation in Tenejapa. In D. Tannen (Ed.), *Special issue of Discourse Processes*, 123-141. を参照。

「あなたがここにいること」に対する非難を強く表明することになる。また末田と井上は[23]、日本の女性管理職者たちは部下に気を遣い、人間関係をうまく構築して業務上の目標を達成しようとしているとする。彼女らは、親和フェイスを大事にしながら、能力フェイスと自律フェイスを充足させている。これはある意味、女性としてのステレオタイプ的役割期待を採用した方略とも考えられる。

このように文化のコンテクストのフェイス志向およびフェイスワークに対する影響は、言うまでもなく多大であるが、フェイスの志向やフェイスワークの違いは文化圏の違いからだけでは説明しきれない部分があるので注意が必要である。たとえば、同じコミュニケーション行動であっても、まったく違う道理をもとにしていることがあるからである。中里は[24]、スウェーデン人がコンフリクトに対処するのに、日本人と同じように回避方略をとる傾向があることに着目した。しかしスウェーデン人は周囲とのコンフリクトを避けて親和フェイスを大事にするから回避方略をとるのではなく、自分の利害を守るためにコンフリクトに巻き込まれてエネルギーや時間を浪費したくないからだとしている。これは先に論じたフェイス交渉理論とはかみ合わない結果である。

■グローバル・コンテクスト

これまで、どのように状況のコンテクストや、文化のコンテクストや、両者の相互

[23] 末田清子・井上美砂（2017）「女性管理職者のコミュニケーション・スタイルに関する研究（1）：外資系IT企業における調査結果から」『ヒューマン・コミュニケーション研究』45,（2）, 129-150./Sueda, K.（2018）Japanese women managers' employee-oriented communication styles: An analysis using constructivist grounded theory. *International Journal of Business Communication*. doi: 10.1177/2329488418803659 を参照。

[24] 中里京子（2001）「日本人とスウェーデン人のコンフリクト・マネジメント・スタイルに関する事例研究：フェイスの視点から」青山学院大学国際政治経済学研究科国際コミュニケーション専攻特定課題論文、を参照。

作用がフェイスの志向やフェイスワークに影響を与えるのかについて見てきた。それでは、時代の変遷や社会情勢の変化のなかにおいてもある文化圏の出身者のフェイス志向は変わらないのであろうか？　次の二つの例から考えてみよう。

まず、前述の笹川[25]はその著書のなかで、これまでは縦関係であった親子関係が、昨今は水平的で友だち関係のようなものになってきていることに着目している。よってウチ・ソトの区別を意識したコミュニケーションから、アメリカなどのように親疎関係が主軸となるコミュニケーション行動にシフトする可能性が高くなると分析している。そのようになると、他者に弟を紹介するのに、自分の弟を褒めるという行動が見えるはずである。

もう一つの例として、中国人と日本人のフェイスの違いについて筆者が１９９０年代に行った調査[26]と、15年ほど経って再び行った調査[27]の結果を紹介したい。まず、２回の調査結果に共通しているのは、中国人においては、「誰でも等しくフェイスが大切」ということで、日本のように年齢や上下関係でフェイスの重さが変わるわけではないということである。よって、同じ場で働く日本人が自分（中国人）より年下でも、勤続年数が長ければ「先輩」として敬語を使わなければならないということに抵抗を感じていた。二点目として、能力フェイスは在日中国人留学生に関しては時間的な変遷に関係なくある程度強く、良い成績をとるためにはたとえ倫理的ではない行動をとるリスクも犯してしまうと答えた調査協力者がいた。しかし、１９９０年代のよ

[25]　笹川洋子（2016）『日本語のポライトネス再考』春風社

[26]　Sueda, K. (1995) Differences in the perception of face: Chinese mien-tzu and Japanese mentsu. *World Communication, 24*, 23-31. および Sueda, K. & Wei, Y. (2016) Face (mianzi) among the new generation Chinese youth in Japan. In W. Jia (Ed.), *Intercultural communication for an inclusive global order* (pp. 197-210). San Diego, CA: Cognella. を参照。

[27]　右掲、Sueda & Wei (2016) を参照。中国人学生に対しては Wei が、留学生の指導にあたる日本人の教師に対しては末田が調査を行った。

うにごく限られた人が留学する時代ではなく、今や中国から日本への留学は一般的なものとなった。そのため日本に来るモチベーションもさまざまになり、自分の成績をそれほど気にしない中国人留学生もみられるようになったようだ。三点目は、中国人同士の結びつきが以前よりも弱体化し、自分は他の中国人と情緒的に結びついていたと思っていたが、相手は道具的な関係ととらえていたという語りもあった。また、情緒的な結びつきをもつ範囲がかなり狭くなっていると語った人もいる。最後の点は、以前のようにいつも中国人として集団的なフェイス（collective face）を背負って生きるというよりは、個人の意識の強さに言及する調査協力者もいた。「中国人のフェイス？　いつの時代の中国人の話ですか？って思ってしまう」という発言は、以前とは違って集団的フェイスが後景化しているという可能性を示唆している。

このように、状況のコンテクスト、文化のコンテクストに影響を受けて私たちは自分たちのフェイスを意識し、フェイスワークを行っている。その場でどのようなフェイスが顕著となるか、そしてそれにどのような意味づけがなされるかは、相互作用のなかで醸成される。[28] そして、どちらもグローバル社会の変遷とともに変化を余儀なくされる部分もあり、またいつまでも変わらない部分もある。

■爆買い

ひところ、中国人の「爆買い」が話題となった。「爆買い」とは、「主に中国からの

[28] Arundale（2006, 2010, 2013）は、フェイスがその場の参加者のインタラクションで醸成されるという構成主義的な考え方を示している。
Arundale, R. B. (2006) Face as relational and interactional: A communication framework for research on face, facework, and politeness. *Journal of Politeness Research, 2*, 193-216/ —— (2010) Constituting face in conversation: Face, facework, and interactional achievement. *Journal of Pragmatics, 42*, 2078-2105/ —— (2013) Face as a research focus in interpersonal pragmatics: Relational and emic perspectives. *Journal of Pragmatics, 58*, 108-120.

旅行者が日本国内で、家電製品、美容製品、医薬品などを大量にまとめ買いすること[29]」を指す。都心の百貨店の化粧品売り場には、中国語の通訳がいる場合も少なくない。筆者も知り合いの在日中国人女性Xが中国に帰省する際に、大きなスーツケースを二つもっていたのを見かけた。その中身は皆、日本製の化粧品だという。彼女の友人がそれほどたくさん使うのかと尋ねると、Xの友だちYが、そしてその同僚Zやまたその知り合いに配るためだという。それではなぜ日本製の化粧品の人気があり「爆買い」するのだろうか？　なぜ日本の化粧品でなければならないのだろうか？　知り合いは「日本の化粧品は品質が良いから」と答えた。果たしてそれだけだろうか？

李[30]は、「爆買い」の背景には、必ずしも購買する品物の品質を評価しているわけではなく、世間に知られているブランドは面子（フェイス）を高揚させるのに適しているからだと述べている。なぜなら、ブランドには私的な意味（private meaning）と公的な意味（social meaning）があり[31]、前者が個人的にそのブランド品にもつ主観的な意味の統合であるのに対して、後者はそのブランド品をもっていない世間の人が意味づけたものであるからだ。つまり公的な意味づけは他者の価値観に基づく評価であり、その品物を持っていればその品物を持つ能力がある人と見なされるのであろう。

先ほどの知り合いの例では、XはYから日本の化粧品を買ってくるように頼まれた

[29]『イミダス』（集英社 2018）JapanKnowledge.「爆買い」https://japanknowledge-com.hawking1.agulin.aoyama.ac.jp/lib/display/?lid=50010A-102-0243（2019/09/10）

[30] 李玲（2017）『中国人消費者の行動分析：「面子」、原産国イメージとグローバル・ブランド消費』文眞堂、を参照。

[31] Richins（1994）は、ブランドの公的な意味について "Public meanings are the subjective meanings assigned to an object by outside observers (nonowners) of the object, that is, by members of society at large" (pp. 505–506) としており、私的な意味については、"The private or personal meanings of an object are the sum of the subjective meanings that object holds for a particular individual" としている。Richins, M. L. (1994) Valuing things: Public and private meanings of possessions. *Journal of Consumer Research, 21*, 504-521.

ようである。Xは Yから頼まれて、当然のこととして依頼を受けた。仲が良いので、面子（フェイス）を立てるか立てないかなど考えもせず引き受けたとしよう。Yは、今度は自分の同僚であるZから「日本の化粧品を手に入れたいから日本にいるあなたの友だちに頼んでほしい」とせがまれた。YはZとそれほど仲良しではないが、同僚同士なので、Zの面子（フェイス）を立ててXが化粧品を買ってきてくれたらそれを譲ることにした。このようなやりとりが「爆買い」の背景の一部であることは明らかであろう。

「爆買い」という事象が話題になると、1980年代後半から1990年代にかけての日本の大学生（全体ではない）に思いを馳せることがある。時代はすこし違うが、「日本人だって爆買いしていた」とも思えた。もちろん当時は「爆買い」ということばはなかったが、日本の大学生が卒業海外旅行に行き、洋服やバッグをまとめ買いする様子が報じられていたのは記憶あるいは記録に残っている。[32] ここで興味深いのは、当時の日本の大学生が自分のために買いだめして、ブランド品を纏うことができること、そしてそれをすこしでも安く買えることで自らの能力フェイスを高めていたことである。ところが、中国人は、友だちに頼まれ日本で化粧品等を手に入れることができるということで能力フェイスを高めている。能力フェイスの高め方が両者でまったく違うことは興味深い。

[32] 『朝日新聞』(1989/03/16)「しっかりしてます大学生、卒業海外旅行でブランド品買いだめ」『聞蔵Ⅱビジュアル』http://database.asahi.com.hawking1.agulin.aoyama.ac.jp/library2/main/top.php (2021/06/05)

5-5 教育現場のフェイス

――教員が注意すべきフェイス

フェイスは、教育の現場でどのように表出されているのだろうか？ 日本の教育現場における先駆的なフェイス研究として、横溝[1]の研究が挙げられる。具体的には、留学生を指導する日本語教育の現場で、グループダイナミクスのなかで個々の参加者のフェイスがどのように相互作用するかについて調査を行った。横溝は4年間にわたって十数か国からの留学生を対象に調査を行った。フェイスは他者との相互作用のなかで自己を評価するための目印になるものであり、またフェイスワークは相互作用のなかで自分がもっとも納得のいく評価を得るための調整機能だとしている。4年間のなかで常に古参者と新参者が入り交じり、固定的なメンバーであることはない。横溝はそのなかで、個々のメンバーのフェイス志向やフェイスワークはもとより、集団のなかで必ずあるシンボルがつくられ、そのシンボルによって集団が特徴づけられることに注目している。そして何がグループを特徴づけるかは、国籍、性別などメンバーの社会的属性ではないことが多かったという。たとえば、あるグループを特徴づけるシンボルは「おもしろい」ことであり、「おもしろい」ことが「まじめ」の対極にある

[1] 横溝環（2009）「フェイス相互作用論：留学生間の相互作用からとらえたフェイスワーク」青山学院大学国際政治経済学研究科提出博士論文／――（2012）『フェイス相互作用理論：日本語学習クラスにおける相互作用からフェイスワークをとらえる』春風社

ことばとしてとらえられていた。そしてそのグループでは「おもしろい」人が中心的な人物であり、「まじめな」人は周辺的な人物になる。また、自らのフェイスを保持するために、自らが位置づけられているシンボルを肯定的に、対極にあるシンボルを否定的にとらえようとする。たとえば、「おもしろい」と位置づけられている人は自分が「おもしろい」ことを肯定的にとらえ、「まじめ」であることを否定的にとらえる。逆に、自分が位置づけられている「まじめ」というシンボルを肯定的にとらえられないということは、自らのフェイスニーズが完全に充たされていないことを表しているという。

増田[2]は高等学校が生徒のフェイスを必要以上に潰し、それが後の教育実践に悪影響を与える可能性に着目した。こうした問題にうまく対処するために、高等学校の教師が避けるべきであるフェイスを脅かす行為（face threatening act）を明らかにすることを目的として研究を行った。なかでも教師の「叱る」あるいは「褒める」というコミュニケーション行動がどのように生徒のフェイスを侵害するかについて探究し、指導への指針を示した。

この研究で興味深いのは、「叱る」のは以前からフェイスを脅かす行為であると認識されているものの、段階的に叱ることや、「人」を責めるのではなく「行動」を叱ることで生徒のフェイスを「挽回」できるチャンスへ導くことができること、そして親和フェイスを重視することで効果的な指導をすることができるという指摘である。

［2］　増田隆佑（2016）「高等学校の教師が避けるべきＦＴＡ」青山学院大学国際政治経済学研究科国際コミュニケーション専攻修士論文（未出版）。

［3］　古家聡・櫻井千佳子（2014）「英語に関する大学生の意識調査と英語コミュニケーション能力育成についての一考察」『武蔵野大学教養教育リサーチセンター紀要』４号 29-50. および Takeda, R.（2016）Face and Language Learning（フェイスと外国語学習）. *Educational Studies*（International Christian University）, 58, 121-127. などを参照されたい。

［4］　上掲、古家・櫻井（2014）を参照。

［5］　朝日新聞『聞蔵Ⅱビジュアル』DNA for Library というデータベース（database.asahi.com.hawking1.agulin.aoyama.ac.jp/library2/main/top.php）で、新聞

たとえば、教師が自分（生徒）の話や言い分を聞いてくれないことが、まず生徒のフェイスを脅かすことになる。一方、「褒める」ことは、フェイスを高揚させると考えられるが、他の生徒の前で一人の生徒を褒めることは、他の生徒の能力フェイスを認めないことになりうる。また褒めた相手に「次もがんばること」を強要しがちになり、自律フェイスも脅かしてしまうことになりかねないという。

また、語学教育の現場のなかでもフェイスの重要性が指摘されている[3]。たとえば、古家と櫻井[4]は、英語教育において、指導者が学生のフェイスに気をとめる必要性を主張している。外国語として英語を学習している日本人にとっては、英語は母語の日本語ほど言語学的な正誤や、社会言語学的な用法に対して、自信をもつことはできない。よって、日本語で教授されるコンテンツの授業とは違い、いつでも学生のフェイスが脅かされる環境であることを認識しておく必要がある。

それでは学びの場ではなく、生活の場としての学校ではどうであろうか？　テレビや新聞で学校という場、あるいはネット空間におけるいじめが頻繁に報じられている[5]。そればかりか、貴い命を自ら絶つような悲しいニュースも後を絶たない。どのようなきっかけでいじめられるかは別として、いじめの事態がエスカレートするまで被害者の家族は知らなかったというケースが多々ある[6]。そして、被害者が「親だけには知られたくない」という語りも聞かれることが多い。特定の仲間から外されるなどの行為を受けた場合、その被害者（Aとする）は親和フェイスを脅かされる。そして、

とデジタルの両方で過去1年間の「いじめ」という一語で検索してみると、１４６０件のヒットがある。次に「いじめ」と「自殺」を掛け合わせると、４３３件ヒットする。読売新聞データベース『ヨミダス歴史館』（https://database-yomiuri-co-jp.hawking1.agulin.aoyama.ac.jp/rekishikan/）というデータベースでも同じようにすると、「いじめ」一語では１４０１件、２語では５２６件ヒットする。ここには、一般企業や地域社会で起きたケースも含まれているようだが、件数の多さはわかる。

[6]　通常ならここで、特定の新聞記事なりを引用するところだが、あえて引用はせず、あらゆる事例の共通項というかたちとする。なぜなら「いじめの被害者」という特定のラベルづけをすることの弊害がないとも言えないからであり、それを避けたいからである。

Aはたとえばお金を無心されるなど倫理的に外れた行為を受けたとしても、親和フェイスを保とうとすることがありうる。Aが「親だけには知られたくない」と思うのは、心配をかけたくない気持ちもあるだろうが、友だちがいない自分は社会的に望ましくない、学校でうまくやっていけないと思い、能力フェイスが脅威にさらされてしまうからであろう。そして、親の力を借りないとうまく学校で過ごしていけないとなると、自律フェイスも脅威にさらされてしまう。土井[7]によれば、いじめはこれまでのような学校という物理的な空間で起こる、殴る蹴るなどの可視化された暴力から、ネット空間に広がる嫌がらせ暴言へと形を変え、しかもそれは24時間休止することなく継続するという。つまり現実的世界で充足できない親和フェイスは、ネット空間でも充足することができないのである。

長期休みが明ける頃に、いじめにより全面的にフェイスの侵害を受けている児童や生徒に、図書館が「辛い思いをしているなら図書館へおいで」と呼びかけている記事[8]を目にした。公立高校で不登校の経験があることが不利にならない受験制度の導入や、家でも学校でもない第三の「居場所」となる「ゆるいカフェ」の開設[9]などもみられるようになった。それは、いじめによりフェイスの侵害を受けている生徒を、家族でもなくクラスメイトでもない誰かとつなげようとする試みである。

[7] 土井隆義（2014）『つながりを煽られる子どもたち：ネット依存といじめ問題を考える』岩波ブックレット、を参照。

[8] 河井健（2019/08/29）「つらい気持ちの君三鷹市立図書館おいで」『朝日新聞』（朝刊25面）

[9] 山下知子（2019/08/19）「『ゆるい』カフェ構内に居場所」『朝日新聞』（朝刊1面）を参照。ここで名前が挙がっている札幌市立大通高校などでは、積極的に「居場所」をつくる試みが行われている。大通高校のいじめ防止基本方針 http://www.odori-h.sapporo-c.ed.jp/products/pg100.html は、同校が行っているそれ以外のさまざまな多文化共生プログラムと連結していると思われる。

5-6 組織のフェイス

――なぜ責任者は辞任するのか？

組織の代表取締役、役員、所長などが、不祥事などの責任をとって「辞任」したというニュースをよく耳にする。たとえば、「取締役」と「辞任」を掛け合わせて新聞記事データベース[1]で検索してみると、過去1年間で544件ヒットする。もちろん、「蜥蜴の尻尾切り」ということばがあるように、「蜥蜴が尾を切り捨てて逃げるように、不祥事などが露見したとき、下位の者に責任をかぶせて、上の者が追及から逃れること[2]」もありうる。記事の中身を見てみると、辞任の理由は、経営不振、業績不振、累積赤字など企業の能力フェイスの損失に関わることもあるが、反社会的組織との関与、報酬の不正受給、法律違反、法令の抵触、杜撰な品質管理体制、リコール隠しなどの倫理的フェイスの損失に関わることもあり、その状態は図5-6が示すとおり、倫理的フェイス、および能力フェイスが小さくなっている。

それでは、組織で起こったことの責任をとるためになぜ誰かが辞任するのだろうか？ それは、損失した倫理的フェイスや能力フェイスを取り戻すためである。倫理的フェイスや能力フェイスを失った元となる事柄への対処だけでなく、その事柄に責

[1] 朝日新聞『聞蔵Ⅱビジュアル』DNA for Library というデータベース（database.asahi.com.hawking1.agulin.aoyama.ac.jp/library2/main/top.php）を参照した。過去1年間とは、2019年9月8日から遡ってということである。

[2] JapanKnowledge Lib（2019）「蜥蜴の尻尾切り」https://japanknowledge-com.hawking1.agulin.aoyama.ac.jp/lib/display/?lid=200203012476bn4Akh42（2019/09/08）を参照。

任のある人を組織から除くことによって、「当該組織は大丈夫」だというイメージを世間に印象づけるのではないだろうか。また、世間の関心の矛先を集団的フェイスから個人のフェイスに向けることで、集団のフェイスの損失を最大限守ろうとしているとも考えられる。

さらに場合によっては、不祥事を起こした企業が企業名を変えることもある。不祥事によって世間がその組織に紐づける悪いイメージを、新しい名前をつけることによって一掃をはかろうとすると考えられる。

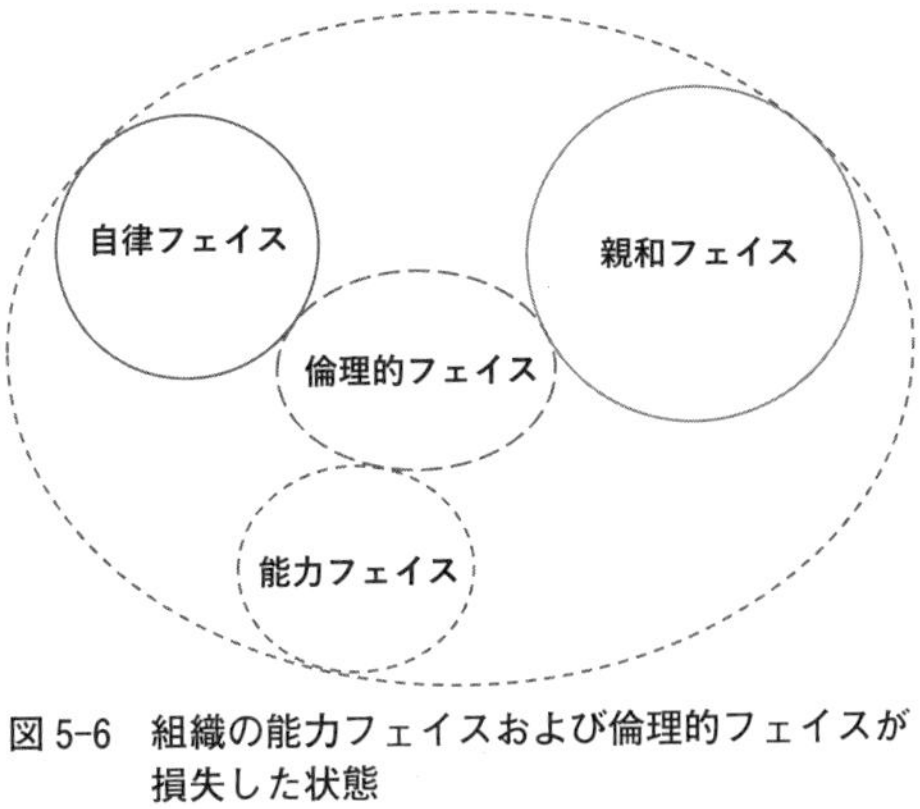

図 5-6　組織の能力フェイスおよび倫理的フェイスが損失した状態

5-7

サイバースペースのなかのフェイス

——SNSにどのようなフェイスを表出しているか？

これまでは、現実社会でのフェイスの表出についてみてきた。それではサイバースペース上にはどのようなフェイスが表出されるのだろうか？ 総務省の[1]『平成30年通信利用動向調査の結果』によると、20歳以上の世帯主がいる世帯およびその6歳以上の構成員がいる4万592世帯と、公務を除く産業に属する常用雇用者規模100人以上の企業5877社を対象とした調査で、ソーシャル・ネットワーキング・サービス（SNS）等を活用している割合は、個人では60・0％（前回比5・3ポイント上昇）で企業では36・7％（7・8ポイント上昇）であった。年齢別にみると、13歳〜59歳の年齢層でインターネット利用が9割を超えている。また、スマートフォンを保有している世帯の割合が約80％となり、固定電話（64・5％）・パソコン（74・0％）を保有している世帯の割合を上回っており、個人のインターネット利用機器に関しては、スマートフォンがパソコンを上回っている。

また、ソーシャル・ネットワーキング・サービスの個人による利用状況では、20代（20〜29歳）で78・5％、30代（30〜39歳）で74・8％、10代（13〜19歳）で75％、40

[1] 総務省（2019/05/31）『平成30年通信利用動向調査の結果』www.soumu.go.jp/johotsusintokei/statistics/data/190531_1.pdf.（2019/09/09）を参照。

代（40〜49歳）で70・6％となっており、どの世代でも70％以上がソーシャル・ネットワーキング・サービスを利用していることがわかった。その用途（複数回答）は、従来の友人とコミュニケーションする目的が87・4％であり、情報収集のためが57・4％で、同じ趣味・思考や悩みを共有するためが22％となっている。そのような状況から、筆者がコミュニケーション・スタディーズの科目や演習で学生に課題を与えるとき、その題材のコンテクストとしてサイバースペースが、なかでもソーシャル・ネットワーキング・サービスによるコミュニケーションが選ばれることが増えてきた。

次に学部生の研究でフェイスに関わるものを挙げたい。

コーヒーブレイク9 ―― ツイッター上に表出されるフェイス[2]

この研究は、ツイッターのテキスト分析およびツイッター利用者9名への半構造化インタビューをKJ法で分析することにより、ツイッター上のコミュニケーションにフェイスがどのように表出されているのかを明らかにしたものである。

注目に値するのは以下の3点である。まず、ツイッターの利用者はそれぞれ異なる三つのフェイス（親和フェイス、能力フェイス、自律フェイス）の表出度合いをもっており、そのバランスをログ内の一定期間におけるツイートのなか、または一つのツイートのなかで調節していることがわかった。たとえば、能力フェイスを表出する利用者は、自身の能力を主張しながらも、自虐的な表現を用いることで、表

[2]　2016年卒業生、青山学院大学国際政治経済学部国際コミュニケーション学科4年 寺沢友里・前田容輔・松尾夏実による「Twitterに表出されるフェイス」。

出する能力フェイスが大きくなりすぎて、自分の話を自慢話として不快に思われないように調節する。二点目に、ツイッター利用者が顕著に表出するフェイスに、その利用者のコミュニケーションの特徴が表れている。たとえば、親和フェイスを顕著に表出する利用者は、他者が自分のツイートを読んで受ける印象について気にする傾向がある。また、自律フェイスを顕著に表出する利用者は、自身の趣味や価値観を表現するツイートを行うことによって、他者との差異化をはかろうとする傾向がみられた。

三点目に、閲覧時と投稿時では、フェイスワークを行う対象が違う。投稿時は、フォロワー全員、つまり集団としてのフェイスを認識しているのに対し、閲覧時には、ツイートを行った特定の人物の個人としてのフェイスを認識している。

コーヒーブレイク10 ―― インスタグラムに表れるフェイス[3]

この研究発表では、インスタグラムに私たちのフェイスがどのように表れているかについて考察した。

インスタグラムに自分の写りが良い写真を投稿するのは、能力フェイスを高揚させる行動である。また、他の人には真似できないような独自の世界を表現したアカウントをつくることは、自律フェイスを満たす。個人アカウントではあまりにも自慢になるような投稿はなるべく控え、あえて「自虐ネタ」を投稿する。しかし、そ

[3] ２０１８年度青山学院大学国際政治経済学部国際コミュニケーション学科科目「コミュニケーション論Ⅱ」の期末課題の一環として２年次（２０１８年12月現在）飯尾愛子・田中初実・冨田佐弥・蔄島彩加 による発表「インスタグラムにおけるコミュニケーションの仕組み」の一部である。

のようなとき自分ができることを他者の目を気にせず載せることができるのが、専用アカウントである。専用アカウントは、投稿内容が統一しているアカウントのことであり、ハッシュタグ「#」を活用することによって、同じテーマのアカウント同士でコミュニティをつくることができる。たとえば自分が弾き語りをした歌を投稿する「歌アカウント」や、勉強のコツやヒントを共有する「勉強アカウント」などもある。

6　コンフリクトの背後に何があるか？

——見え隠れするフェイス

私たちは日頃、いろいろな要求を誰かに投げかけてコミュニケーションを行っている。そして程度の差こそあれ、相手の要求に応えようとするだけでなく、相手の心情をおもんばかって行動している。しかし相手からの要求に応えられないことも多い。つまり私たちのコミュニケーション行動は、相手を傷つけたり、気分を害したり、場合によっては禍根を残す可能性を潜在的に孕んでいる。

何かもめごとが起きたとき、もともとのもめごとよりも、自己のイメージを守る、つまりフェイスを保つことにエネルギーが注がれることが多々ある。そればかりか、フェイスに拘って、もめごとが余計に大きくなってしまうこともあるだろう。

本章では、そういったコンフリクトの背後に隠れているフェイスの情動的な側面に光を当て、フェイスの背後に見え隠れしているプライド（自尊心）とシェイム（遺憾な気持ち）がどのようにバランスをとっているか、バランスがとれないときにどのようなことが起こるかについて見てみよう。そして最後に、コンフリクトを解消するためにどのようなコミュニケーションが必要とされるかについて考えてみよう。

6-1

コンフリクト

――道具的目標・関係性目標・自己呈示目標

あなたは、大学のある授業のグループ・プレゼンテーションの課題に取り組んでいます。その課題の評価は、その授業の最終的な成績の50％を占めています。メンバーは、仲が良い青山さんと、赤山さんとあなたの3人で、合意の下、毎週木曜日の5限の授業の後にその準備に取り組んできました。

ところが最近、赤山さんが、サークルの活動があるからという理由で、途中で帰ってしまうことが多く、プレゼンテーションの準備が進まなくて困っています。プレゼンテーションまであと2週間しかないので、赤山さんには何とか課題の準備を優先してもらうようにしたいと思っています。

これは大学生が主人公の事例[1]だが、町内会のお祭りのための準備や、PTAが主催する催し物の準備などに置き換えてもよい。ここで、実際喧嘩が起こっているわけではないが、コンフリクト（摩擦、もめごと、喧嘩、葛藤、衝突）が起こりそうな場面ではある。コンフリクトとは、二者あるいはそれ以上の関係者間（個人や集団や組織

[1] この内容を中高生用に以下の動画にまとめた。読売中高生新聞（2016/09/02）「講義の鉄人」コミュニケーション能力っていったい何？ 青山学院大学：講義の鉄人：動画：読売新聞オンライン（yomiuri.co.jp）https://www.yomiuri.co.jp/stream/article/04828/（2021/03/23）

など）の実質的あるいは関係性にかかわる物事をめぐる価値観や期待やプロセスや結果の不一致や衝突・対立を意味する。[2]

それでは皆さんがこの事例の主人公なら、どうするだろうか？　次のうちの何番の選択肢を選ぶだろうか。

1　何も言わないで、何事もなかったかのように青山さんと準備する。
2　赤山さんに「自分でするとと言ったのでプレゼンテーションの仕事をすべきだ」と主張し、無理に連れてくる。
3　赤山さんに「1時間でもよいので・・・」と言って協力を頼む。
4　赤山さんの分の仕事を自分が負担する。
5　毎日、昼休みに3人で準備する。

これへの回答を、すでに1970年代からアメリカにおいて使われてきたキルマンとトーマスのコンフリクト解決モデル[4]に照らし合わせて考えてみよう。

図6－1（図5－5を再掲）で、横軸は「相手の利害への配慮」を意味し、縦軸は「自分の利害への配慮」を意味する。上記の回答の番号は図6－1の番号に呼応している。つまり、選択肢1「何も言わないで、何事もなかったかのように青山さんと準備する」は、相手の利害にも自分の利害にも配慮しないことになり、回避（avoiding）である。選択肢2「赤山さんに『自分でするとと言ったのでプレゼンテーションの仕事をすべきだ』と主張し、無理に連れてくる」は、「自分の利害への配慮」

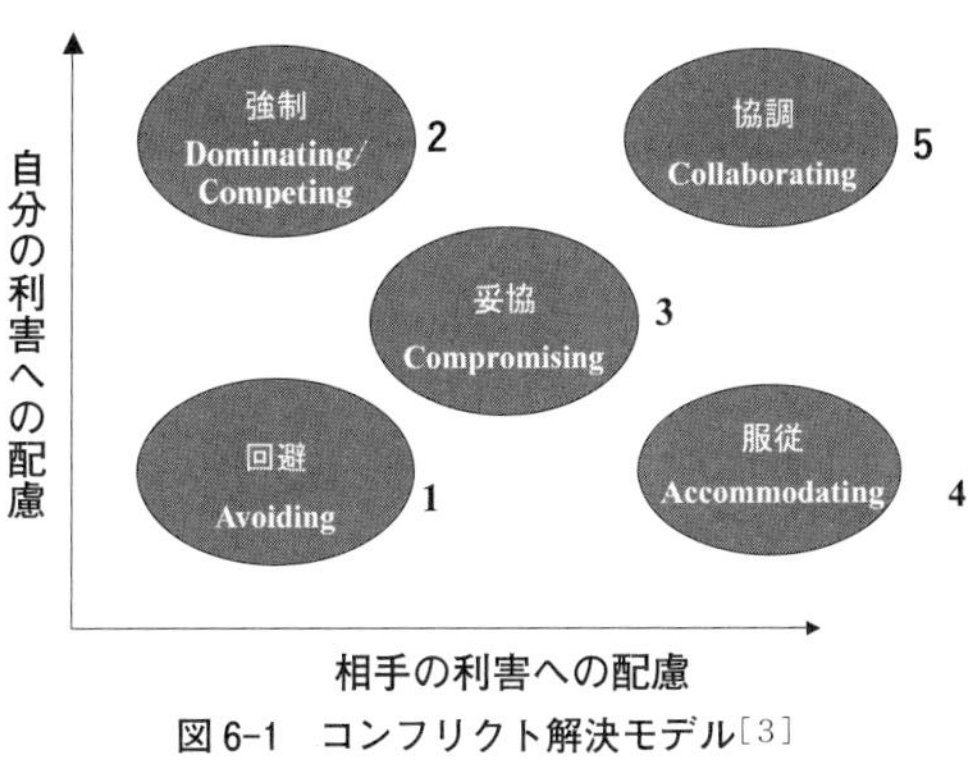

図6-1　コンフリクト解決モデル[3]

[2]　Ting-Toomey, S. (1994) Managing intercultural conflicts effectively. In L. Samovar & R. Porter (Eds.), *Intercultural communication: A readers* (7th ed.) (pp. 360-371). Belmont, CA: Wadsworth./ Ting-Toomey, S. (2015) Managing intercultural

を主張するが、「相手の利害への配慮」は皆無であり、強制（dominating/competing）である。選択肢3「赤山さんに『1時間でもよいので…』と言って協力を頼む」は、「自分の利害への配慮」と「相手の利害への配慮」の両方を満たそうとすることであり、妥協（compromising）である。選択肢4「赤山さんの分の仕事を自分が負担する」は「自分の利害」は考えずに「相手の利害への配慮」を最大限にすることであり、服従（accommodating）である。最後の選択肢5「毎日、昼休みに3人で準備する」は、「自分の利害」と「相手の利害」の両方に配慮し、お互いにWin-Winの関係になろうとするもので、協調（collaborating）である。

それでは、私たちはコンフリクトの対処行動においてどのような目標を達成するのだろうか。クーパックら[5]によると、コンフリクトの対処行動には三つの目標があると言う。まず、一つめが道具的目標で、これは相手の合意を得たり、相手の態度や信念を変えたり、相手から助力や支持を得るということである。今回の事例では、赤山さんの協力を得て、グループ・プレゼンテーションを成功させることである。お金、所有物、場所・土地というのも道具的目標として挙げられるだろう。これは対人レベルだけではなく、民族間、国際間でもみられることではないだろうか。土地をめぐっての争いというのは、国際的レベルの問題として、思いつく事例が多々あるのではないだろうか。

二つめの目標は、関係性目標である。これは相手とどのような関係を築きたいか、

conflicts effectively. In L. Samovar & R. Porter (Eds.), *Intercultural communication: A readers* (14th ed.) (pp.355-367). Boston: Cengage Learning.

[3] Kilmann, R. H. & Thomas, K. W. (1977) Developing a forced-choice measure of conflict-handling behavior: The "MODE" instrument. *Educational and Psychological Measurement, 37*, 309-325. および鈴木有香（八代京子監修）(2004)『交渉とメディエーション』三修社，を参照。

[4] 同右。コンフリクト解決モデルについては、「5-4 状況のコンテクストとフェイス」も参照。

[5] Cupach, W. R., Canary, D. J. & Spitzberg, B. H. (2010) *Competence in interpersonal conflict* (2nd ed.). Long Grove, IL: Waveland Press.

そして保ちたいかに関わる目標である。事例では、「あなた」は青山さん、赤山さんと仲が良いという設定だった。グループ・プレゼンテーションが終わっても、友人関係を保ちたいだろうか？　もっと仲良くなりたいだろうか？　それともすこし距離をおきたいだろうか？　この関係性目標により、どのようにコンフリクトを解決するかも変わってくるはずである。

三つめの目標は、自己呈示目標である。あなたはどのような印象を他人に与えたいだろうか？　あなたはどのような人に見られたいだろうか？　親切な人だろうか？　勉強のできる人だろうか？　リーダーシップをとれる人だろうか？　一人でも行動できる人だろうか？　それとも協力的な人と見られたいだろうか？　どんなに道具的目標を得たいとしても、コンフリクトを解決した先にどのような自己を呈示したいかによって、おのずとコンフリクトの解決の仕方に影響を与える可能性が高い。

コンフリクトでは、最初は道具的目標を達成することに専心するが、時間を経てそれが形を変えることが多い。たとえば、今回の事例はグループ・プレゼンテーションの準備に、サークル活動で途中で帰ってしまうことが多い赤山さんの協力を得ることが道具的目的である。ところが、時間が経つにつれて、赤山さんとの関係性目標を達成することで頭がいっぱいになる。あるいは、いつのまにか自分は他者からどう見られているかと、自己呈示目標だけが気になり、それを達成することが主要な目的になってしまうことがある。個人間のコンフリクトだけでなく、民族間、国家間のコンフリクトがこじれてしまうのは、このようにもともとの道具的目標が関係性目標や自己呈示目標にすり替わってしまうからであろう。シェフは、第一次世界大戦のときの例を挙げ、当初は領土をめぐって戦っていた二国が、自国の威厳を守ることに目的がすり替わってしまった過程について記している。[6]

コンフリクトは育った環境、地域などの違いによっても生まれる。文化的背景の異なる二者間で起こる実質的な対立や関係性をめぐる対立を、インターカルチュラル・コンフリクトと呼ぶ。[7] 文化的背景を共有していないと、コンフリクトがより複雑になることが少なくない。

[6] Scheff, T. J. (1990) *Microsociology: Discourse, emotion, and social structure.* Chicago: The University of Chicago Press.

[7] [2] に同じ。

6-2

コンフリクト解決とコミュニケーション能力

――効果的であることとふさわしいこと

コンフリクトを解決するために何が必要とされるだろうか？　その一つがコミュニケーション能力である。もちろん、コミュニケーション能力はどのようなときにも大切だが、難しい状況のときにはなおさら、スムーズなコミュニケーションが必要とされる。

コミュニケーション能力のとらえ方もさまざまだが、ここではクーパックら[1]が提示した二つの側面をご紹介したい。それは、効果的であること（effectiveness）と、ふさわしいこと（appropriateness）である。

たとえば、私があなたに窓を開けてほしいとき、「ねえ、窓開けて」と言ったらどうだろうか？　あるいは「○○さん、恐れ入りますが、窓を開けていただけますか？」と言ったらどうだろうか？　「窓開けて」とぞんざいに頼むのはふさわしくない。そのために頼まれても窓を開けたくないと思ってしまうかもしれないからだ。これが「ふさわしさ」である。しかし、「ええ～～っと、あれ、お願いできますか？」と聞かれたらどうだろうか？　何を聞かれているのかわからず、効果的であるとは言

[1] Cupach, W. R., Canary, D. J., & Spitzberg, B. H. (2010) *Competence in interpersonal conflict* (2nd ed.), Long Grove, IL: Waveland Press.

えない。つまり、コミュニケーション能力とは、「コミュニケーションの場において、相手を傷つけることなく、自分の目的を達成するに適した行動をする能力」[2]と言える。

図6-2にもあるように、「ふさわしさ」という部分がフェイスに関わる。この「ふさわしさ」が問われる例として、接客におけるクレーム処理が挙げられよう。荒川と向後[3]の接客業従事者に対する調査のなかで、新人と熟練者の大きな違いは、問題解決スキルであることがわかった。「顧客から苦情を言われても、落ち着いて対処できる」、「顧客の言いたいことを理解する」などの質問項目から見えてくるように、何かを主張して効果を求めることよりも、よく聴いて接客業従事者として「ふさわしい」態度で接客に望む必要性が浮かび上がってくる。次のコーヒーブレイクにもそれが描かれている。

[2] 石井敏（1991）「87 言語能力の他に何が必要か：コミュニケーション能力」古田暁（監修）『異文化コミュニケーションキーワード』（pp. 188–189）有斐閣

[3] 荒川明美・向後千春（2012）「問題解決スキルとコミュニケーションスキルにおける接客業のベテランと新人の違い」『日本教育心理学会第54回総会発表抄録』p. 578.

コーヒーブレイク11 ―― 敏腕パーサーのクレーム処理

あるとき飛行機に搭乗したとたん、怒った男性の声が聞こえた。「失礼ですが、お客様、お名前を頂戴できますか?」というキャビン・クルーに対し、「君ね、自分を名乗れよ。自分を名乗ってから人に名前は聞くもんだろう!」「だいたい、今回お宅の飛行機はX社（競合他社）の飛行機が満員で乗れなかったから乗ったんだ！ やはり待ってもX社の飛行機に乗ればよかったよ！」と、何を言っても処置

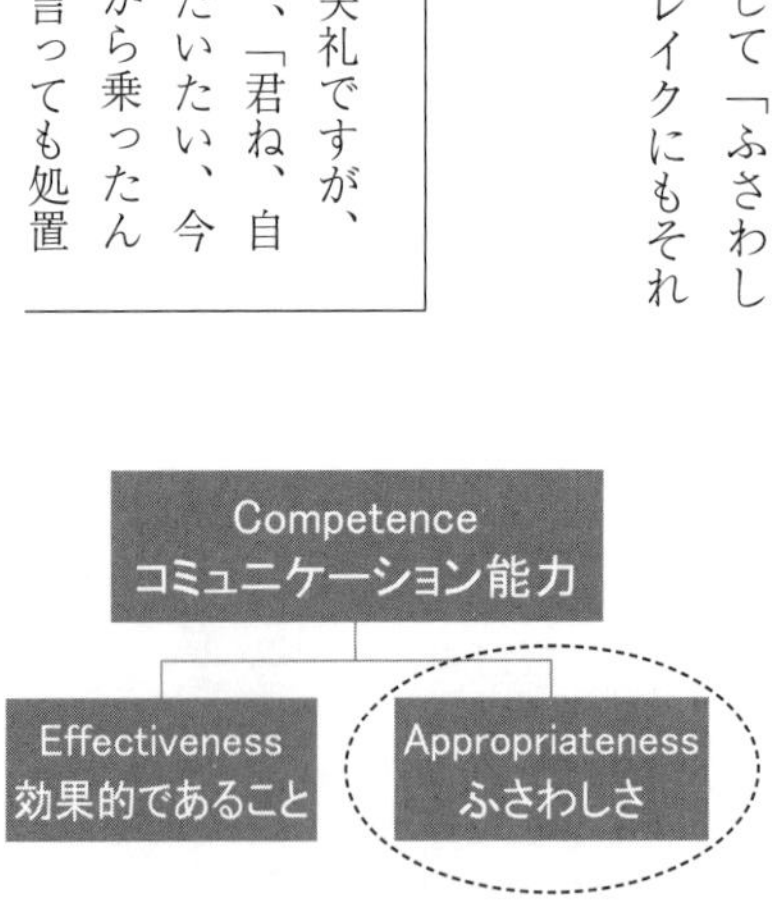

図6-2 コミュニケーション能力

なしの状況であった。

そこで、キャビン・クルーはすこし年長のアシスタント・パーサーらしき人を呼んだ。しかし、そのアシスタント・パーサーもその怒った男性をなだめられず、最終的にはパーサーがその男性の対応にあたった。「そうでございますか」「まったくそのとおりでございます」「本当に申し訳ございませんでした」など数種類のことば掛けをしたのみだった。しかし、離陸する頃には男性はすっかりご機嫌になり、その航空会社のマイレージ・カードまで申請して笑顔で降りて行った。圧巻のクレーム処理をした敏腕パーサーのことは何年経っても忘れられない。

6-3 シェイムとプライド（自尊心）
——フェイスの情動的側面

それではなぜ、コンフリクトを解決するなかで、目的を達成しようとして効果（effectiveness）を求めるだけでなく、ふさわしさ（appropriateness）を追求するのだろうか？ それは5章で述べたように、通常私たちは自分の、そして他者のフェイスを保つように行動しているからである。フェイスは社会的に価値のある自己の姿であり、私たちは社会的に価値のある自分の姿を保ちたいと思うと同時に、他者が社会的に価値のある姿を保ちたいという欲求を互恵的に尊重しているのである。[1]

そもそもなぜコミュニケーション全般において、とくにコンフリクトにおいて、フェイスが大切なのだろうか？ それはフェイスの背後に**シェイム**（shame）と**プライド**（pride 自尊心）という2種類の感情が隠れているからである。まず、図6-3にあるように、平常時はこの二つの感情はバランスをとっているので、私たちはその感情があることすら気がつかない。

しかし、コンフリクトで嫌な思いをしたり、悲しい思いをしたりするとシェイムが重くなる。それが図6-4の状態である。重くなったシェイムとバランスをとるに

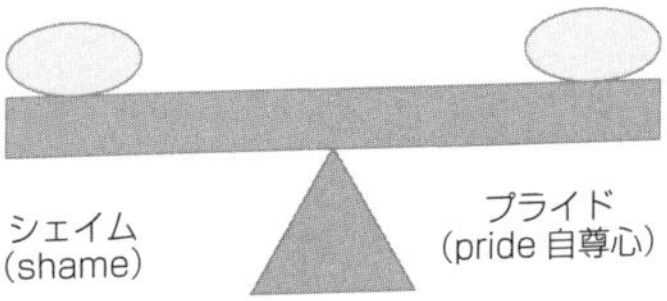

図6-3　平常時のシェイムとプライド

[1] ゴフマンはこのインタラクションの儀礼的な側面に光を当てたが、その背後の感情についてはあまり目を向けていないようである。Goffman, E.（1959）*The presentation of self in everyday life*. Garden City, NY: Doubleday.

は、シェイムを軽くしてあげるか、プライドを重くするしかない。つまり図6-3の状態に戻さなければならない。たとえばあなたが重大な失敗を犯してしまったら、どうするだろうか？　自分の失敗について謝罪するだろうか？　「私は悪くない」と正当化するだろうか？　そうしなければならなかった理由を述べるだろうか？　冗談を言うだろうか？　それでは、あなたが重大な失敗をしたときに、周りの人は何と言うだろうか？　多くの人が、「それほど大したことではないですよ」とか、「あなたのせいではないですよ」と言ってあなたを「フォロー」しようとするだろう。この一連の行動は、5章では、フェイスワーク方略[2]として提示したが、シェイムとプライドのバランスという観点からとらえると、シェイムのおもりを軽くする行動である。

逆に褒められすぎてプライドのおもりが重くなりすぎてしまうと、そのおもりをすこし軽くしないとバランスを欠いてしまう。何かを褒められて「ありがとう」と返すのが自然な流れである場合もあるが、「そんなことはないですよ」と謙遜したり、「たまたま運が良かったので」と成功を外的な要因に帰属させたりすることもある。これも重くなりすぎたプライドを軽くしてバランスをとろうとする行動であろう。

コンフリクトにおいて、そしてコミュニケーションにおいて決まった答えはない。なぜならコンフリクトの要因も、解決する時間的枠組みも、解決のための資源も、場合によって違うかもしれないからだ。状況によって大事になるフェイスも違うだろう。しかし、コミュニケーション全般において、自分と相手のフェイスを尊重するこ

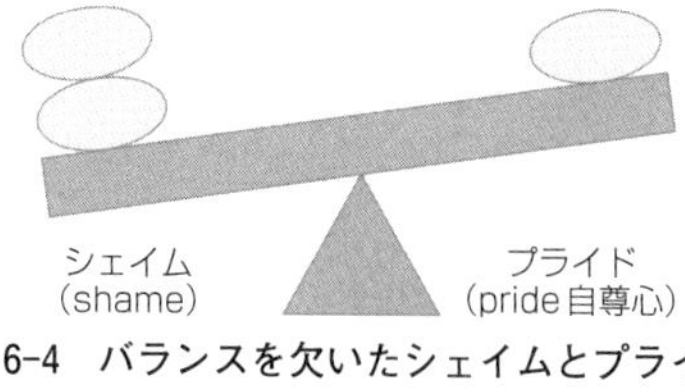

図6-4　バランスを欠いたシェイムとプライド

［2］ Sueda, K. & Wiseman, R. L. (1992) Embarrassment remediation in Japan and the United States. *International Journal of Intercultural Relations, 16*, 159-173. を参照。

とが肝要である。

コーヒーブレイク12――小恥を悪む者は大功を立つる能わず

「小恥《しょうち》を悪《にく》む者は大功《たいこう》を立つる能《あた》わず」とは、「ささいな恥辱におびえ恐れるような人は、大きな功名を成すような仕事はできない[3]」という意味である。逆に、今のうちに恥をかいておけば、あとからもっと大きな恥をかかないようにすることができるとも言える。

筆者の父方の祖母はいわゆる腰の低い人の代表のような人であった。「私はね、『ちょっとすみませんけど・・○○教えてください』ってなんでも頭下げて訊いちゃうのよ。それで嫌だと言われたことはないわよ」と言っていた。

あるとき筆者は、他者に自分の書いた文章の間違いを指摘された。「間違っているはずはない」「これで正しいに決まっている」と防衛的になっている自分に気づいたとき、なぜか祖母のことを思い出した。しばらくじっと文章をみていたら、案の定、筆者の書いた文章に間違いがあり、それを公に出す前に修正することができた。

小さなフェイスの損失を恐れる人は、大きな仕事をすることはできないのかもしれない。そして小さなフェイスの損失に対して防衛的になることで、より大きなフェイスを損失する可能性もあるのかもしれない。

[3] 小学館(2021)JapanKnowledge Lib.『故事ことわざ大辞典』https://japanknowledge-com.hawking1.agulin.aoyama.ac.jp/lib/display/?lid=20035SKT1848700 (2021/06/06)

6-4 シェイムの迂回・払拭と社会との絆

——関係性構築と崩壊

ここで、シェイムそのものについてもう少し理解を深めてみよう。私たちは普段、どのようにシェイムを認識し、シェイムに関わっているのだろうか? そのダイナミクスには主に三つの特徴がある。まず、シェイムは、私たちの感情を司るもの（the master of emotion）[1]であると言われている。shame と言うと「恥」と訳されることが多いが、「自分が拒否されたり否定されたりしたときに伴う感情や、失敗あるいは不十分さを残念に思ったり悔しいと思う気持ちなどを含んでおり、日本語で言うところの『恥』や『恥ずかしさ』よりも意味の幅が広い」[2]と考えられている。それに対し、プライドは、見栄や自惚れというよりは、「一個人が自分の置かれた状況や自分自身を心地よく受け入れ自尊心を保っている状態」[3]であり、自分を肯定する気持ちである。

関係性のレベルが違っていても、シェイムとプライドは個人間、グループ間、民族間、国家間の関係に重要な役割を果たす。プライドは人と人、人と集団、民族と民族、国家と国家の関係を結びつける。それに対してシェイムはこの関係性を脅かす[4]。シェイムの念が強すぎると、人は自分を取り巻く人間関係や社会から疎外、あるいは

[1] Scheff, T. J. (1997) *Emotions, the social bond, and human reality: Part/whole analysis*. Cambridge: Cambridge University Press, p. 12.

[2] 末田清子（2012）『多面的アイデンティティの調整とフェイス（面子）』ナカニシヤ出版 p. 34.

[3] 同右 p. 34.

[4] Nathanson, D. L. (1992) *Shame and pride: Affect, sex, and the birth of the self*. New York: W. W. Norton.／Scheff, T. J. (1994) *Bloody revenge: Emotions, nationalism, and war*. Boulder, CO: Westview Press.

隔離されることになる。他方でシェイムの念がなさすぎると、人は所与の関係性に呑み込まれ（engulfment）てしまう。[5] たとえば、夫婦間で常に喧嘩が絶えず、お互いに相手を傷つけ責めることしかしない場合は、シェイムの念が蓄積され、爆発し、関係は破綻しかねない。

二つめとして、シェイムは私たちが生きている限り伴うものであるが、その存在に気づかず日常生活を送っていることも多い。シェイムへの対応の仕方には三通りあり、シェイムを正面から受け入れる（acknowledged）場合、自分も他者も気づかない（unacknowledged）場合、自分で気づかないようにし、他者にも気づかせず迂回させる（bypassed）場合がある。最後の迂回というのがとても厄介で、それによって蓄積されたシェイムがのちのち爆発して、関係性の修復が不可能になることもある。その関係性は対人間のみでなく、国家間の関係についても同じことが言える。A国がB国の自国への対応に不満をもっていたとしよう。その不満が積もり積もってあるとき爆発し、戦争に突入するということも珍しくない。

三つめはシェイムが二層構造（bimodal）をもっているということである。一個人が一方の関係性において離反あるいは疎外（alienation）されているのに、もう一方の関係性において呑み込まれ（engulfment）が起こるということである。

昨今、さまざまな幼児虐待の事件が報じられている。たとえば、夫の支配下にあった妻がその関係性にがんじがらめに縛られ、呑み込まれて（engulfment）、「夫の気に

[5] 前掲、Scheff, T. J.（1994）

[6] 父親が常に児童虐待や家庭内暴力の加害者ではないが、ここでは以下の2件の事件を挙げる。『朝日新聞』（2019/12/30）「「助けて」素直に言えなかった目黒虐待死、母親・優里被告が語る」（21面）『聞蔵Ⅱビジュアル』database.asahi.com.hawking1.agulin.aoyama.ac.jp/library2/main/top.php（2020/02/23）、および『朝日新聞』（2020/02/28）「（とどかぬ心　野田小4死亡）しつけ「間違いと思った」証人尋問」（29面）『聞蔵Ⅱビジュアル』database.asahi.com.hawking1.agulin.aoyama.ac.jp/library2/main/top.php（2020/02/22）

[7] 『現代用語の基礎知識』（自由国民社 2019）（Japan nowledge Lib.「オウム真理教」https://japanknowledge-com.hawking1.agulin.

入るように行動すること」が行動の基準になってしまう。よって、子どもが「言うことをきかないことをコントロールすること」が母親の役割となり、夫の気に入るように子どもを過剰にコントロールしようとしてしまう。そのために、子どもとの関係性から離反し（alienation）、そのことに麻痺してしまって、夫が子どもを虐待することにシェイムすら感じることができなくなってしまう。そして子どもに対する虐待を阻止することができず容認してしまうばかりか、加担してしまうケースが後を絶たない[6]。

また、日本だけでなく世界中の人びとを震撼させたオウム真理教団[7]が関与した一連の事件には、このシェイムの二重構造が垣間見える。信徒たちは一般社会で共有されている倫理観や社会そのものから疎外されており（alienation）、神経が麻痺してしまったかのように、反社会的かつ非人道的な行為にもシェイムを感じることができなくなってしまった。そして他方で、彼らは教団に呑み込まれ（engulfment）、地下鉄サリン事件や坂本弁護士一家殺害[8]などの凶悪犯罪を、優秀な信徒として精神性を高めるためになすべき「修行」であり、一般の人たちにとっては「救済」であると見なしていた。オウム真理教団の元幹部について報じる新聞記事に共通しているのは、ほとんどのメンバーに対して周囲の人びとは「まじめなのになぜ？」と疑問をもち、「優等生」と「凶悪犯罪者」を重ねることが難しいという疑問である。西田の一連の研究[9]によると、カルト集団のメンバーは生活の些細な部分まで組織の上位メンバーに管理さ

aoyama.ac.jp/lib/display/?lid=50020080800220（2020/02/22）による

と、オウム真理教は、麻原彰晃が１９８４年に創設した教団で89年に宗教法人となった。同年弁護士一家３人を殺害、94年松本サリン事件（死者８人）、95年地下鉄サリン事件（死者13人、負傷者約６３００人）を起こし、事件発覚後、教団は解散。麻原ら幹部13人の死刑が確定（２０１８年７月全員執行）となった。

塚田穂高（2019）「オウム死刑囚13人の刑執行」『現代用語の基礎知識』Japan Knowledge Lib. http://japanknowledgecom.hawking1.agulin.aoyama.ac.jp/lib/display/?lid=50020150000170（2020/05/17）

[8] 筆者は、坂本都子さんと大学のクラスメイトであった。海外から１９８９年に帰国した筆者が街の電柱に都子さんの行方を問うポスターを見たときの驚きは今でも忘れない。改めてご冥福をお祈りする。

れ服従させられていた（engulfment）。その依存的状態と引き換えに、その集団の社会的アイデンティティを獲得し、新たな価値観や心理的安定を得ている。そして、社会の規範や通念から切り離され社会から疎外（alienation）されていたカルト集団のメンバーが、社会とのつながりを取り戻していくにつれ、社会貢献を望むようになる姿も見られる。オウム真理教の元幹部メンバーのなかには拘置所で贖罪し、獄中で大学生に対しカルトへの入会を踏みとどまるよう呼びかける手記をまとめるなど、何らかのかたちで社会貢献をしようとした者もいる[10]。

それでは、一方が支配し、他方が服従するという関係性に呑み込まれてしまった場合に、その関係性を崩すことはできないのだろうか？　閉鎖的なシステムのなかでコミュニケーションがパターン化していても、第三者がさまざまなかたちで介入することにより、支配―服従のシステムが崩壊し、新たに開放的なシステムとなることが可能である。たとえば、オウム真理教の一部の元幹部メンバーが学生時代に接触した人とのつながりや、拘置所に差し入れをしてくれた人たちとの文通を通して社会との絆を取り戻そうとした過程は、閉鎖システムから開放システムへの変換ととらえることができるだろう。

［9］　他にも多々あるが、ここでは西田（1995, 2001）、西田・黒田（2004）を挙げた。西田公昭（1995）「ビリーフの形成と変化の機制についての研究（4）：カルト・マインド・コントロールにみるビリーフ・システムの強化・維持の分析」『社会心理学研究』*11*(1), 18-29.／――（2001）「オウム真理教の犯罪行動についての社会心理学的分析」『社会心理学研究』*16*(3), 170-183.／西田公昭・黒田文月（2004）「破壊的カルトでの生活が脱会後のメンバーの心理的問題に及ぼす影響」『心理学研究』*75*(1), 9-15.

［10］　『週刊アエラ』(2019/03/25)「「死刑」で終わりにしない　オウム幹部の元死刑囚の手記に被害者遺族が異例の寄稿」／『朝日新聞』(2014/10/21)「オウム死刑囚獄中での句作」（18面）／『朝日新聞』(2018/07/10)「「まじめなのに、なぜ」答え探る」（38面）

6-5 シェイムとプライドと尊敬獲得
――うそも方便

前項にあるように、プライド（pride 自尊心）とは「一個人が自分の置かれた状況や自分自身を心地よく受け入れ自尊心を保っている状態[1]」である。ときとして人は、うそをつくことで自尊心を保つことがある。

アフリカのタンザニア連合共和国で行ったフィールドワークに基づき、増田[2]は「うそをつく」という行動の動機が「尊敬」を獲得することにあることに着目した。ここで言う「うそ」とは、積極的に他者を欺くという行為ではなく、「できない」「もっていない」「知らない」「わからない」など、自分の評価にマイナスになるような発言をして尊敬を得られない状態を回避することである。あるいは、会話の流れのなかで、実際に「できない」「もっていない」「知らない」ことの責任が追及されない場合に、その場をやり過ごすためについてしまう「うそ」である。そういったその場をやり過ごす意味での「うそ」は、その場で「尊敬」を得ることや「尊敬されない状態を回避」するためである。そして「尊敬」を得るための行動と、「尊敬されない状態を回避」することにはシェイム（shame）とプライド（pride 自尊心）が関わっている。以下、典

[1] 末田清子（2012）『多面的アイデンティティの調整とフェイス（面子）』ナカニシヤ出版 p. 34.

[2] この箇所は以下の増田（現姓は水田）の論文がもとである。増田直美（2001）「『尊敬』に関わるタンザニア人のコミュニケーション行動：フェイスおよびShame & Prideの視点から」『青山国際コミュニケーション研究』第5号 25-42.

型的な「うそ」の事例を挙げる。

情報提供者Jはコンピュータのソフトを借りるために、知人の家を訪ねたが、そのまま何も借りずに家を出た。Jによると、前回その知人に会ったとき、「ソフトは持っているが、家にある」と言ったので、今日訪問したとのことであった。それにもかかわらず、今回は「家にはない。たぶん仕事場にある」との返事だったため、やむなく何も借りずに家を去ることになった。Jは、知人が本当はそのソフトをもっていない、うそをついていると怒った。(2000. 7. 23)[3]

[3] 前掲論文、増田 (2001) p. 28.

増田は、上記の事例を、コンピュータのソフトをもっているという発言を周りの人が聞いていた場合、「コンピュータソフトをもっていてすごい！」と尊敬を得ることができるとする。尊敬という概念は、タンザニアの日常生活のなかで広く共有され、重んじられているという。尊敬を獲得する資源は、年長者であること、金品をもっていること、高学歴および高地位であることである。この尊敬を獲得する資源は得がたいものであり、「うそ」であっても、玉入れのように尊敬を獲得する資源を入れないと、シェイムとプライドのバランスがとれないという（図6－5）。

以上のことはJの知人が積極的に欺くつもりではなく、流れのなかで自己の評価をよくするために、あるいは自己の評価を下げないために「うそ」をつき、尊敬を得る

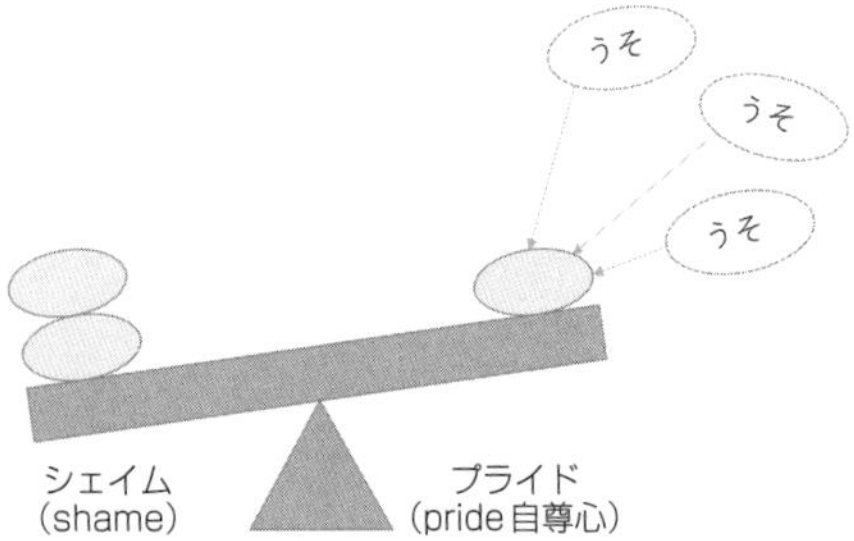

図 6-5　うそをついて否定的な自己イメージを回避

ための得がたい資源を確保しようとしたことを示している。ここでお断りしたいのは、タンザニア人がうそをつくと主張しているのではないことである。私たちも振り返れば「小さなうそ」をつくことで自尊心を保とうとすることがあるのではないだろうか。もちろん、その「うそ」は、その場をやり過ごすことはできても、「うそ」とわかったときに、自尊心を保てなくなる場合もあるだろう。さらに、小さなうそがより大きなうそに膨らむこともありうるだろう。

6-6
シェイムの払拭とアイデンティティ
——向き合い、赦し、一歩前進する

筆者は、帰国子女たちを研究対象者として10年以上に及ぶ縦断的調査の結果を『多面的アイデンティティの調整とフェイス（面子）』として公刊した。その内容は以下のようにまとめられる。[1]

（1）自己のフェイスが侵害されるあるいは脅威にさらされた場合、シェイムに向き合うことでそのシェイムに関わるアイデンティティは強化される。

（2）自己のフェイスが刺激を得ることもなくシェイムを感じることがないと、アイデンティティも強化されない。

（3）自己のフェイスが侵害される、あるいは脅威にさらされた場合でも、感じたシェイムが迂回されると、アイデンティティは強化されない。

（4）自己のフェイスが脅威にさらされた場合に、自分のシンボルを潜在化させてアイデンティティを弱めることがある。

（5）他者のフェイスを脅威にさらしてしまう可能性があると、自分のシンボルを潜在化させて他者のシェイムにつながるアイデンティティを弱める。

[1] 末田清子（2012）『多面的アイデンティティの調整とフェイス（面子）』ナカニシヤ出版 pp. 127–128.

拙著では頻繁にシンボルとしての英語について論じた。つまり、国際社会における英語の相対的な強さによって、大半の帰国子女たちが流暢だとされる「英語」は国際化の証しであり、同時に日本の学校の大半のクラスメイトとの境界線を際立たせるシンボルなのである。しかし、以下のエピソードは、「英語」という国際化のシンボルではなく、A子さんがニューヨークで暮らしていたときの「お弁当」[2]に関わる経験談である。[3]日本式のお弁当をもって行くことは、日本人としてのアイデンティティを顕在化させるシンボルであり、Aさんは日本食を食する日本人であることをクラスメイトに知らしめることとなる。

アメリカの小学校で1年生の頃、私はお弁当をもって行っていた。他のクラスの子どもたちは私が何を食べているのか、どうやって食べているのかをじっと見にきた。まもなくあるグループの子どもたちが、私をお弁当のことでいじめるようになった。私は自分が他の子とは違うものを食べているのは気づいていた。彼らは私が気持ちの悪いものを食べていると言うだけでなく、日本人は変わっているとも言ってきた。

いじめられている私を「負け犬」と貶《けな》すのはまだましな日で、運が悪いといじめっ子たちは私のおにぎりを掴みゴミ箱に投げた。この様子を見た先生たちはそれを気にとめる様子もなく、いろいろなことが重なって私は学校にランチをもって行く

[2] Japan Knowledge Lib.(2020)「弁当」https://japanknowledge-com.hawking1.agulin.aoyama.ac.jp/lib/display/?lid=1020068915000(2020/06/06)。

[3] 青山学院大学国際コミュニケーション学科4年次の高島彩音さんの話である。原文は英語である。2020年5月24日の電子メールには、このような経験をアメリカに住む日本人の友だちに共有したことや、その友だちも同じような経験をしたことが記されている。よって「お弁当」は日本人のシンボルであり、しばしば他と分けるシンボルになると考えられる。

のは恥ずかしいことだと思うようになっていた。だからと言って、怖がって屈するのだけは嫌だった。学校にお弁当をもって行かないのは、「負け」を認めるようなものだと思った。また、負けるというのは人としての尊厳や自尊心も失うことだった。だからそれは嫌だった。それに母の苦労を無にしたくなかった。だから学校にお弁当を継続してもって行った。いじめっ子たちがどう思おうが何を言おうが気にしないようにした。私は日本食に誇りをもっていたし、毎日毎日母がお弁当を詰めてくれることへの感謝の意を忘れたくはなかった。そう思うと、自信が戻ってくるような気がした。

ある日、私がいつものようにお弁当を食べていると、年上の男の子二人がやってきた。他の子たちと同じように、変なことを言ってきたら言い返してやろうと思っていた。ところが、その二人は「これ鮭?」と優しく聞いてきた。疑っていたことを隠すことはできず、「そう」とだけ答えた。すると、驚いたことに、そのうちの一人が、「僕のお母さんもお醤油で鮭を味付けてくれるよ。とっても美味しいよね」と言った。良い意味でとても驚いた。それ以来、私はその二人の男の子たちと友だちになり、いつも一緒にお昼ごはんを食べるようになった。彼らは誰かがお弁当のことで私をからかおうとすると、いつも庇ってくれた。彼らは私が自分に自信をもつように促してくれた。

このエピソードで、日本式のお弁当をもって行くことを貶《けな》されるのは、まさに個人として、そして日本人としてのフェイスが脅威にさらされる事態である。とくにおにぎりを掴んでゴミ箱に投げ捨てられるというのは、お弁当という日本食のシンボルをぞんざいに扱われるということを意味し、それは日本人、日本、お弁当をつくってくれたAさんの母の真心、そしてAさん自身のプライドを傷つける行為であると考えられる。Aさんは一瞬、学校にお弁当をもって行くことを恥ずかしいと思ったが、お弁当をもって行くのをやめるどころか、どんなにからかわれても、もって行き続けた。そしてシェイムに真っ向から向き合い（acknowledge）、いじめっ子たちにも対峙している。そのこと自体がシェイムの払拭につながり、また二人の良い友だちが後押ししてくれたことで、日本人そしてAさん個人としてのアイデンティティも強化された（図6－6）。

一方、いじめられた時点で、お弁当をもって行くのをやめてシンボルを潜在化させた場合（図6－7）、いじめの標的からは一時的に逃れられるかもしれないが、日本人そしてAさん個人としてこれほど自尊心をもてたかどうかはわからない。むしろシェイムを迂回させただけで（bypass）、自尊心を取り戻せるわけではなく、個人としても、日本人としても、確固たるアイデンティティを強化させることはできなかっただろう。

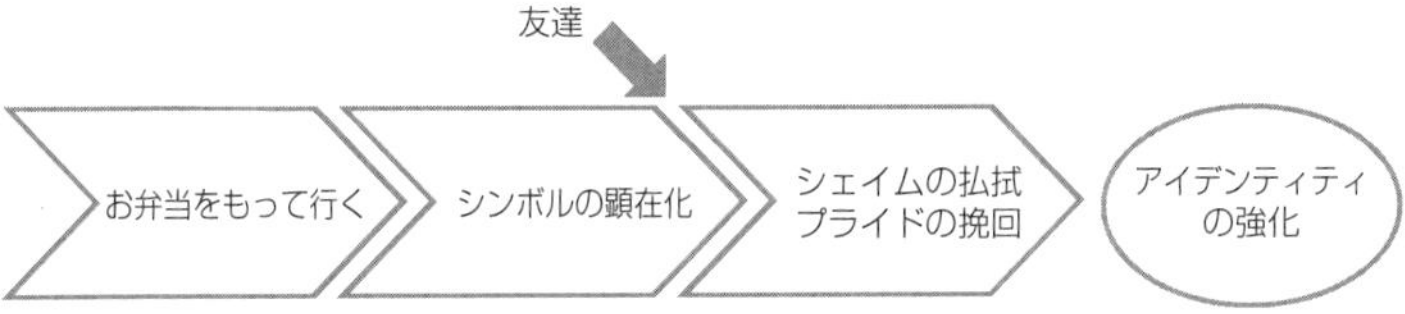

図 6-6　シンボルとしてのお弁当の顕在化

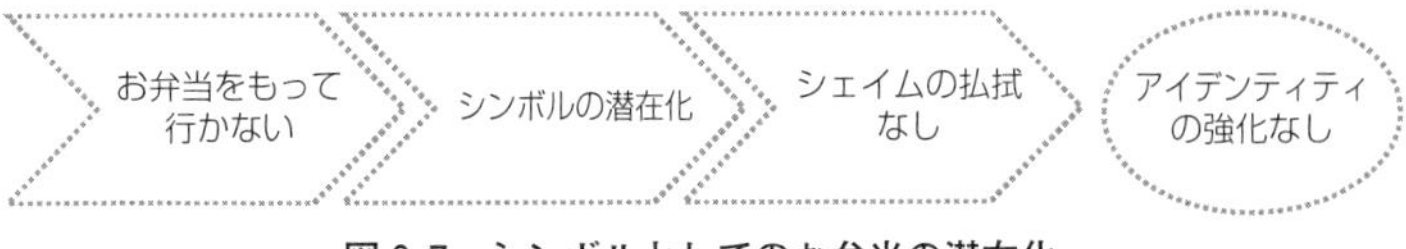

図 6-7　シンボルとしてのお弁当の潜在化

このように、シェイムに向き合うことで、プライドを取り戻し、当該アイデンティティを強化する場合もある。逆に、シェイムに正面から向き合わずに迂回して、プライドを取り戻すこともできないし、アイデンティティを強化させることもできない場合がある。

ところで、お弁当に関しては、日本人に特有の部分もあるが、アメリカに暮らすマイノリティの生活が描かれている映画にも出てくる。たとえば、『My big fat Greek wedding』[4]に出てくる主人公トューラが幼い頃ギリシャ式のお弁当をもって行き、クラスメイトにからかわれるシーンが描かれている。よって、日本人だけがお弁当でネガティブな経験をしたかと言えば、そうではないことがわかる。

帰国子女を受け入れる学校が、帰国子女を受け入れることに慣れているかいないか、学校内に帰国子女の数が多いか少ないかによっても、帰国子女の帰国後の経験はかなり変わってくる。[5] 帰国子女のなかには帰国後なかなか日本の学校環境に馴染めず、そのシェイムを大学生になっても引きずってしまうケースも少なくない。よって、今後は帰国子女に対する帰国後のトレーニング（repatriation training）を実施し、シェイムを払拭し、彼らが自尊心をもって過ごせるようにすることが大切である。[6]

■シェイムの払拭――ネイティブ・アメリカン Dinéが教えてくれたこと[7]

2018年3月に、筆者はアメリカ、ニューメキシコ州のアルバカーキで行われた

[4] ワーナーホームビデオ（2002）“My big fat Greek wedding”

[5] Sueda, K. (2014) *Negotiating multiple identities: Shame and pride among Japanese returnees*. Singapore: Springer.

[6] Sueda, K. (2019) Shame as a health resource for the repatriation training of Japanese returnees (*kikokushijo*) in Japan. In Vanderheiden, E. & Mayer, C. H. (Eds.), *The bright side of shame* (pp. 51-66). Springer.

[7] 末田清子・勝又恵理子（2019）「YA'AH T'EEH! An intensive workshop on Navajo (Diné) culture & communication に参加して」『青山学院大学国際研究センター紀要』*Aoyama Journal of International Studies*, *16*, 177-184.

ワークショップに参加した。なかでもニューメキシコ州内の教育機関（NACA：Native American Community Academy）[8]を訪ねたときのイーグル・ルーム（Eagle Room）の存在は忘れがたい。イーグル・ルームは、先住民の知恵の象徴である鷲から名付けられたもので、学校や家庭で精神的苦痛に直面したときに、メディテーションをしたりして内省し、精神的安定をはかる目的のために設置されたもので、NACAの児童・生徒のみならず、スタッフ、教員、家族などにも利用されている。

児童・生徒同士が何かが原因で言い合いをしたとき、すぐにお互いに謝らせようとしたり、無理に両者を向き合わせたりするのではなく、イーグル・ルームを利用させ自己内省させる。時間をかけて、別の空間で活動するなかでコンフリクトの根に両者が向き合うことで、コンフリクトを解消させようとしているようだ。なぜならコンフリクトを、単に両者の衝突としてとらえるのではなく、当事者（両者のこともある）が抱えている問題の顕在化に過ぎないととらえているからである。時間をかけて別の空間で行動してシェイムを払拭しようとしている点は着目に値する。

同じワークショップのなかで、ナバホ族（Diné）の博物館に足を運んだ。拉致されて部族の服を取られ、西洋服に着替えさせられ寄宿舎生活を強いられた暗黒の歴史がある。そのことをどのように思うかと、学芸員の方に尋ねると、「私たちは決して忘れたわけではない。でも赦して前を向くんだ（We will never forget. But forgive and keep moving)」と答えた。

［8］NACA (n.d.) https://www.nacaschool.org.（2021/07/10）を参照のこと。

コーヒーブレイク13 ― 失敗を成功の素にするために

筆者が最初に人生に躓いたのは大学受験だった。自分も周りの人たちも決して失敗しないと思っていたが、第一志望、第二志望にも滑ってしまった。「滑り止め」だと思って入った大学の入学式で涙がポロポロ出たのは今でも忘れない。いとこの中で一番年長で面倒見のよい従兄は、そんな私に一日中寄り添ってくれた。何を話したかはあまり覚えていない。覚えているのは従兄が、その悔しい気持ち（シェイム）を受け止めてくれたことと、自分が入学することになった大学で、悔やんでいる暇があったら筆者がベストを尽くすことが大切だと気づかせてくれたことだ。そのおかげで当時あまり一般的でなかった留学するという目標に邁進することができた。

今でも思う。あのとき第一志望の大学に入っていたら私はどうなっていただろうか？と。留学はしなかったかもしれない。アメリカの大学院修了後、また学ぼうなどと思わなかったかもしれない。コミュニケーション・スタディーズ、そして異文化コミュニケーションという領域にも出会わなかったかもしれない。さらにイギリスに行き博士号をとることもなかったかもしれない。

入学の挨拶をするようになった今、「あの頃の筆者」はいないだろうか？　と思いめぐらす。悔しい気持ち（シェイム）を認め、それに向き合い、払拭するのは難しい。しかし、向き合うことができれば「失敗」は「失敗」ではなくなり、新しい出会いの始まりとなる。

人名索引

■ま行

■や行

■ら行

■わ行

事項索引

■か行

■た行

■な行

■は行

■ま行

■や行

■ら行

■わ行

引用文献

1　コミュニケーションとは何か？

ABC Premium News [Sydney]（June 1, 2021）. Naomi Osaka's withdrawal from the French Open is the latest stand from a quiet activist. https://www.proquest.com/wire-feeds/naomi-osakas-withdrawal-french-open-is-latest/docview/2535278536/se-2?accountid=8333（Retrieved June 3, 2021）.

朝日新聞（2021年6月1日）「大坂選手の会見拒否物議に：全仏主催者から罰金　繰り返せば出場停止も　全仏テニス」（朝刊26面）.

Benne, K., & Sheats, P.（1948）Functional roles of group members. *Journal of Social Issues, 4*, 41–49.

Charmaz, K.（2006）*Constructing grounded theory: A practical guide through qualitative analysis*. London, Sage.

Charmaz, K.（2014）*Constructing grounded theory*（2nd ed.）, London: Sage.

Cooley, C. H.（1918）*Social process*. New York: Scribners.

土肥伊都子（2009）「性役割」日本社会心理学会（編）『社会心理学事典』（pp. 100–101）丸善.

土井隆義（2009）『キャラ化する／される子どもたち：排除型社会における新たな人間像』岩波ブックレット No. 759, pp. 23–24.

Eagly, A. H. & Karau, S. J.（2002）Role congruity theory of prejudice toward female leaders. *Psychological Review, 109*, 573–598. doi:10.1037/0033-295x.109.3.573

Ekman, P.（1994）Strong evidence for universals in facial expressions: A reply to Russell's mistaken critique. *Psychological Bulletin, 115*, 268–287.

Fisher, B. A.（1978）*Perspectives on human communication*. New York: Macmillan.

Goffman, E.（1959）*The presentation of self in everyday life*. Garden City, NJ：Anchor Books.〔石黒毅（訳）（1974）『行為と演技：日常生活における自己呈示』誠信書房.〕

稲葉三千男（2020）「ミード，G. H.」JapanKnowledge Lib. https://japanknowledge-com.hawking1.agulin.aoyama.ac.jp/lib/display/?lid=102007374000（2020年9月6日取得）.

Japan Knowledge Lib（岩波世界人名大辞典）（2021）.「ブルーマー」 https://japanknowledgecom.hawking1.agulin.aoyama.ac.jp/lib/display/?lid=52030280810t091030_000（2021年7月11日取得）.

Japan Knowledge Lib（岩波世界人名大辞典）（2021）.「ゴフマン」 https://japanknowledgecom.hawking1.agulin.aoyama.ac.jp/lib/display/?lid=52030117880s177020_000（2021年7月11日取得）.

Japan Knowledge Lib（日本大百科全書）（2019）「ゆるキャラ」 https://japanknowledgecom.hawking1.agulin.aoyama.ac.jp/lib/display/?lid=1001050309183（2019年2

月13日取得).
小林信彦 (1997)『現代死語ノート』岩波新書.
永野真奈 (2020年9月12日)「ゲーム登場・愛称 ･･･「キャラ化」する政治家」『朝日新聞』(朝刊29面).
尾鼻靖子 (2015)「感謝表現としての「ありがとう」と「すみません」の境界線:シンボリック相互作用理論を適用して」『言語と文化』(関西学院大学紀要) *18*, 15-28.
岡部朗一 (1991)『異文化を読む』(第2刷) 南雲堂.
大塩俊介 (2018) 「クーリー Charles Horton Cooley」JapanKnowledge Lib. https://japanknowledge-com.hawking1.agulin.aoyama.ac.jp/lib/display/?lid=1001000072754 (2020年9月6日取得).
Prasad, P. (2005) *Crafting qualitative research: Working in the postpositivist traditions*. New York: M. E. Sharpe.〔P・プラサド/箕浦康子 (監訳) 浅井亜紀子 (訳) (2018)『質的研究のための理論入門』(「シンボリック相互作用論」pp. 16-27) ナカニシヤ出版.〕
『新明解故事ことわざ辞典』(2004) (第六刷) 三省堂.
末田清子 (2013)「意味ある他者と一般化された他者」石井敏・久米昭元 (編)『異文化コミュニケーション事典』(p. 54) 春風社.
Sueda, K. (2018) Japanese Women Managers, Employee-Oriented Communication Styles: An Analysis Using Constructivist Grounded Theory. *International Journal of Business Communication*, 1-26. doi: 10.1177/2329488418803659
末田清子・福田浩子 (2011)『コミュニケーション学:その展望と視点 増補版』松柏社.
末田清子・井上美砂 (2017)「女性管理職者のコミュニケーション・スタイルに関する研究 (1): 外資系 IT 企業における調査結果から」『コミュニケーション研究』 *45*, 129-150.
鈴木匡 (2012)「ゆとり教育の理念に関する考察」『神奈川大学心理・教育研究論集』 *32*, 49-53.
Tannen, D. (1990) *You just don't understand: Women and men in conversation*. New York: Harper Collins.
Tannen, D. (1994) *Talking from 9 to 5: Women and men in the workplace: Language, sex and power*. New York: Avon Books.
Trenholm, S. (1986) *Human communication theory*. Englewood Cliffs, NJ: Prentice-Hall.
Trenholm, S. (2014) *Thinking through communication* (7th ed.). Harlow, UK: Pearson.
渡邊寛・城間益里 (2019)「NHK 連続テレビ小説に表れる男性役割:時代的な変遷、登場人物の年代、女性主人公との関係性による差異」『社会心理学研究』 *34*(3), pp. 162-175.
ゆるキャラ (R) グランプリ実行委員会 (n. d.) ゆるキャラグランプリオフィシャル

サイト www.yurugp.jp/ranking/?year=2018（2019年2月13日取得）.

2　アイデンティティとコミュニケーション

朝日新聞（2018年8月26日）〔(#with you～きみとともに～）君の悩み、SNSで聞かせて「電話で拾えぬ声に対応」〕（朝刊1面）.

Berglund, J.（2015）*Time*（*Chronemics*）*The Sage encyclopedia of intercultural communication, 2*,（pp. 800–802）, Thousand Oaks, CA: Sage.

Brewer, M. B. & Miller, N.（1984）Beyond the contact hypothesis: Theoretical perspectives on desegregation. In N. Miller & M. B. Brewer（Eds.）, *Groups in contact: The psychology of desegregation*（pp. 56–289）, New York: Cambridge University Press.

Brown, R. J. & Turner, J. C.（1981）Interpersonal intergroup behavior. In J. C. Turner & H. Giles（Eds.）, *Intergroup behavior*（pp. 33–65）, Oxford: Basil Blackwell.

Chen, G.（2015）An alternative view of identity. In L. A Samovar, R. E. Porter, E. R. McDaniel, & C. S. Roy（Eds.）, *Intercultural communication: A reader*（14th ed.）,（pp. 61–69）. Boston: Cengage Learning.

Columbia Pictures industries（2004）"Fifty first dates"

英辞郎 on web（2018）https://eow.alc.co.jp/search?q=identity（2018年8月24日取得）.

Erikson, E. H.（1959）*Identity and the life cycle*. New York: W. W. Norton.〔エリク・H・エリクソン／西平直・中島由恵（訳）（2011）『アイデンティティとライフサイクル』誠信書房.〕

Gleason, P.（1983）Identifying identity: A semantic history. *The Journal of American History, 69*, 910–931.

Greenland, K. & Brown, R.（2000）Categorization and intergroup anxiety in intergroup contact. In D. Capozza & R. Brown（Eds.）, *Social identity processes*（pp. 167–182）, London: Sage.

Gudykunst, W. B. & Kim, Y. Y.（1984）*Communicating with strangers: An approach to intercultural communication*. New York: Random House.

平山修平（2008）「第6章　グラウンデッドセオリー研究における理論の再構築」K・シャーマズ／抱井尚子・末田清子（監訳）『グラウンデッドセオリーの構築：社会構成主義からの挑戦』（pp. 133–160）ナカニシヤ出版.

Hogg, M. A. & Abrams, D.（1988）*Social identifications: A psychology of intergroup relations and group processes*. London: Sage.

石黒武人（2016）「現象の多面的理解を支援する「コンテクスト間の移動」に関する一試論：グローバル市民性の醸成に向けて」『順天堂グローバル教養論集』*1*. 32–43.

JapanKnowledge Lib（2019）「ハンドルネーム」https://japanknowledge-.hawking1.agulin.aoyama.ac.jp/lib/display/?lid=1001050309290（Retrieved February 26, 2019）.

Joinson, A. N.（2003）*Understnding the psychology of internet behavior: Virtual worlds, real lives*. Hampshire, UK: Palgrave Macmillan.〔A・N・ジョインソン／

三浦麻子・畦地真太郎・田中敦（訳）（2004）『インターネットにおける行動と心理』北大路書房.〕
柿本敏克（2009）「社会的アイデンティティ理論」日本社会心理学会（編）『社会心理学事典』（pp. 318-319）丸善.
唐沢穣（2009）「自己カテゴリー化」日本社会心理学会（編）『社会心理学事典』（pp. 16-17）丸善.
川口敦子（2015年10月28日）「『ネットいじめ』小学校で3割増　都教委、対策強化へ　文科省調査／東京都」『朝日新聞』（朝刊・東京四域31面）.
Kuhn, M. H., & McPartland, S.（1967）An empirical investigation of self-attitudes. In J. G. Manis & B. N. Meltzer（Eds.）*Symbolic interaction*（pp. 120-133）, Boston: Allyn Bacon.
Levine, M.（1999）Rethinking bystander nonintervention: Social categorization and the evidence of witnesses at the James Bulger Murder Trial. *Human Relations, 52*(9): 1133-1155. https://doi.org/10.1177/001872679905200902
Markus, H. & Nurius, P.（1986）Possible selves. *American Psychologist, 41*, 954-969.
Martin, J. N. & Nakayama, T.（2001）Identity and intercultural communication. In J. N. Martin & T. Nakayama（Eds.）, *Experiencing intercultural communication*,（pp. 66-94）New York: McGraw-Hill.
Masuzoe, Y.（Ed.）（2000）*Years of Trial Japan in the 1990s*. Japan Echo.
箕浦康子（1995）「異文化接触の下でのアイデンティティ」『異文化間教育』*9*, 19-36.
三浦麻子（2012）「インターネットで広げる人間関係」安藤香織・杉浦淳吉（編）『暮らしの中の社会心理学』（pp. 147-157）ナカニシヤ出版.
三浦麻子・森尾博昭・川浦康至（2009）『インターネット心理学のフロンティア：個人・集団・社会』誠信書房.
岡本洋太郎（2018年12月12日）「ネットいじめ、マニュアル案　大津市、LINEなど具体策 ／滋賀県」『朝日新聞』（朝刊・滋賀県全県25面）.
折田明子（2014）「インターネット上の名前・アイデンティティ・ プライバシー」『情報管理』*57*(2), 90-98.
Reicher, S., Spears, R. & Haslam, S. A.（2010）The social identity approach in social psychology. In M. Wetherell & C. T. Mohanty（Eds.）, *The Sage handbook of identities*（pp. 45-62）, London: Sage.
Smith, D. & Sueda, K.（2008）The killing of children by children as a symptom of national crisis: Reactions in Britain and Japan. *Criminology & Criminal Justice, 8*（1）: 5-25. doi: 10.1177/1748895807085867
末田清子（2011）「第4章　文化に対する視点の多様化」末田清子・福田浩子（編）『コミュニケーション学：その展望と視点 増補版』（pp. 57-74）松柏社.
末田清子（2011）「第9章　コミュニケーションの場と背景：コンテクスト」末田清子・福田浩子（編）『コミュニケーション学：その展望と視点 増補版』（pp. 125-138）松柏社.
末田清子（2012）『多面的アイデンティティの調整とフェイス（面子）』ナカニシヤ出

版.
Sueda, K.（2014）*Negotiating multiple identities: Shame among Japanese returnees.* Singapore: Springer.
Tajfel, H., & Turner, J. C.（1979）An integrative theory of intergroup conflicts. In W. G. Austin & S. Worchel（Eds.）, *The social psychology of intergroup relations*（pp. 263-276）, New York: Peter Lang.
鑪幹八郎（1990）『アイデンティティの心理学』講談社.
Trenholm, S.（2014）*Thinking through communication*（7th ed.）. Harlow, UK: Pearson.
坪井健（2017）「ヒューマンライブラリーから見た異文化間能力：コンピテンシーを育てる実践の立場から」『異文化間教育』*45*, 65-77.
Turkle, S.（2012）"Connected but alone?" https://www.ted.com/talks/sherry_turkle_alone_together#t-10609（Retrieved June 7, 2020）.
Turkle, S.（2017）*Alone together: Why we expect more from technology and less from each other.* New York: Basic Books.〔シェリー・タークル／渡会圭子（訳）（2018）『つながっているのに孤独：人生を豊かにするはずのインターネットの正体』ダイヤモンド社.〕
Turner, J. C.（1981）The experimental social psychology of intergroup behavior. In J. C. Turner & H. Giles（Eds.）, *Intergroup behavior*（pp. 66-101）, Oxford: Basil Blackwell.
Turner, J. C.（1987）*Rediscovering the social group: A self-categorization theory.* Oxford: Blackwell.〔J・C・ターナー／蘭千壽・磯崎三喜年・内藤哲雄・遠藤由美（訳）（1995）『社会集団の再発見：自己カテゴリー化理論』誠信書房.〕
Walther, J. B.（1996）Computer-mediated communication: Impersonal, interpersonal, and hyperpersonal interaction. *Communication Research, 23*（1）, 3-43.
王夕心（2014）「青山学院大学留学生の受け入れ：留学生とチューターとの関係」青山学院大学国際政治経済学研究科国際コミュニケーション専攻修士論文.
Wetherell, M.（2010）The field of identity studies. In M. Wetherell & C. T. Mohanty（Eds.）, *The Sage handbook of identities*（pp. 3-26）, London: Sage.
横田雅弘（2018）「ヒューマンライブラリーという図書館：新しい図書館のかたち」『情報の科学と技術』*68*（1）, 19-24.

3　アイデンティティの顕在化・潜在化

Akerlof, G. A., & Kranton, R. E.（2010）*Identity economics: How our identities shape our work, wages, and well-being.* Princeton, NJ: Princeton University Press.〔ジョージ・A・アカロフ＆レイチェル・E・クラントン／山形浩生・守岡桜（訳）（2011）『アイデンティティ経済学』東洋経済新報社.〕
朝日新聞（2003年12月20日）天声人語「フランスでスカーフめぐる宗教論争」（朝刊1面）.
朝日新聞（2018年2月24日）「イスラム女性のスカーフをめくる　看護師試験の監督員

委託の厚労省『宗教上配慮欠く』」（朝刊38面）.
朝日新聞（2019年2月21日）「（移民２世をたどって：５）日本ムスリム新時代」（夕刊2面）.
朝日新聞『聞蔵Ⅱビジュアル』（2012年6月12日）「（ひと）島崎晃さん　英国ウェールズの「独立」を掲げて町議に当選した」http://database.asahi.com.hawking1.agulin.aoyama.ac.jp/library2/main/top.php（2019年3月5日取得）.
朝日新聞『聞蔵Ⅱビジュアル』（2017年10月30日）「天声人語　カタルーニャ語とガウディ」http://database.asahi.com.hawking1.agulin.aoyama.ac.jp/library2/main/top.php（2019年3月5日取得）.
浅井亜紀子（2006）『異文化接触における文化的アイデンティティのゆらぎ』ミネルヴァ書房.
Brewer, M. B. & Miller, N.（1984）Beyond the contact hypothesis. Theoretical perspectives on desegregation. In N. Miller, & M. B. Brewer（Eds.）, *Groups in contact: The psychology of desegregation*（pp. 281–302）, London: Academic Press.
Carmanthan Journal（2009年8月5日）Visa success-after 29 years. https://search.proquest.com/docview/241868242?acountid/8333（Retrieved March 5, 2019）.
CLAIR（2015）「JET プログラム」jetprogramme.org/ja/about-jet/（2019年3月5日取得）.
Collier, M. J. & Thomas, M.（1988）Cultural identity: An interpretive perspective. In Y. Y. Kim & W. B. Gudykunst（Eds.）, *Theories in intercultural communication*（pp. 99–120）, Newbury Park, CA: Sage Publications.
Davis, J. B.（2011）Review of *Identity Economics* by Akerlof and Kranton. *Economics and Philosophy, 27*(3), 331–338. doi:10.1017/S0266267111000253
外務省（2019年3月1日）「EPA」https://www.mofa.go.jp/mofaj/gaiko/fta/index.html（2019年3月12日取得）.
『現代用語の基礎知識』（自由国民社 2018）https://japanknowledgecom.hawking1.agulin.aoyama.ac.jp/lib/display/?lid=500202018114500（2019年3月6日取得）.
Gonzalez-Fuentes, M.（2019）Millennials' national and global identities as drivers of materialism and consumer ethnocentrism. *The Journal of Social Psychology, 159*, 170–189. https://doi.org/10.1080/00224545.2019.1570904
早瀬良・坂田桐子・高口央（2011）「誇りと尊重が集団アイデンティティおよび協力行動に及ぼす影響：医療現場における検討」『実験社会心理学研究』*50*(2), 135-147.
Hewstone, M., Martin, R., Hammer-Hewstone, C., Crisp, R. J., & Voci, A.（2001）Chapter 5 Majority-minority relations in organizations: Challenges and opportunities. In M. A. Hogg & D. J. Terry（Eds.）, *Social identity processes in organizational contexts*（pp. 67–86）, Philadelphia, PA: Psychology Press.
Hogg, M. A.,（1992）*The social psychology of group cohesiveness: From attraction to social identity*. New York: New York University Press.〔M・A・ホッグ／廣田君美・藤澤等（監訳）（1994）『集団凝集性の社会心理学：魅力から社会的アイデンテ

ィティへ』 北大路書房.〕

Huws, C. F. (2006) The Welsh language act 1993: A measure of success? *Language Policy, 5*: 141-160. doi: 10.1007/s10993-006-9000-0

池田幸代 (2019)「介護組織におけるマネジメントと介護職員のアイデンティティ：訪問介護員の意識と情報共有に関する行動」『東京情報大学研究論集』*22*(2), 29-42.

井上邦夫 (2012)「コーポレート・アイデンティティ再考」『経営論集』(東洋大学) *80*, 73-86.

石川准 (1992)『アイデンティティ・ゲーム：存在証明の社会学』新評論.

岩渕功一・高原基彰・岡田宏介・三須順平・大西貢司・竹下南 (2003)「日韓ポピュラー音楽 K-POP and J-POP: Influence and Hybridity」(JASPM 大会2002ワークショップ B)『ポピュラー音楽研究』*7*, 62-69.

Jackson, K. E., Monk-Turner, E. (2015) The meaning of hijab: Voices of Muslim women in Egypt and Yemen. *Journal of International Women's Studies, 16*(2), 30-48.

JapanKnowledge (2019)「カミングアウト」https://japanknowledge-com.hawking1.agulin.aoyama.ac.jp/lib/display/?lid=2001003601950 (2019年3月12日取得).

JapanKnowledge (2019)「仮面浪人」https://japanknowledge-com.hawking1.agulin.aoyama.ac.jp/lib/display/?lid=2001021702200 (2019年3月16日取得).

川上茂信 (2009)「スペインにおける言語状況と言語教育」『平成18－20年度科学研究費補助金「拡大 EU 諸国における外国語教育政策とその実効性に関する総合的研究」研究成果報告書』pp. 211-224.

Knight Ridder Tribune News Service (2004, May 5) Wave of anti-Muslim legislation in Europe has broad support. Washington. https://search.proquest.com/docview/456603361?accountid=8333 (Retrieved March 12, 2019).

Lee, D. (2006) Transnational media consumption and cultural identity: Young Korean women's cultural appropriation of Japanese TV dramas. *Asian Journal of Women's Studies, 12*(2), 64-87,109. https://search.proquest.com/docview/197686146?accountid=8333 (Retrieved March 31, 2021).

Levine M., Cassidy, C., Brazier, G., & Reicher, S. (2002) Self-categorization and bystander non-intervention: Two experimental studies. *Journal of Applied Social Psychology, 32*(7), 1452-1463. Abstract. doi. https://onlinelibrary.wiley.com/doi/abs/10.1111/j.1559-1816.2002.tb01446.x

Levine, M., Prosser, A., Evans, D., & Reicher, S. (2005) Identity and emergency intervention: How social group membership and inclusiveness of group boundaries shape helping behavior. *Personality and Social Psychology Bulletin, 31*(4), 443-453. doi: 10.1177/0146167204271651

Levine, M., Philpot, R., Kovalenko, A. G. (2019) Rethinking the Bystander Effect in Violence Reduction Training Program. *Social Issues and Policy Review, 14*(1), 1-24. doi: 10.1111/sipr.12063

Levine, M. & Thompson, K. (2004) Identity, place, and bystander intervention: Social categories and helping after natural disasters. *Journal of Social Psychology, 144* (3), 229-245. https://www.tandfonline.com/doi/abs/10.3200/SOCP.144.3.229-245
村田沙耶香（2018）『コンビニ人間』(pp. 26-27) 文藝春秋.
大竹文雄・亀坂安紀子・川越敏司・藤田和生・山岸俊男（2012）「行動経済学会第6回大会・第16回実験社会科学カンファレンス・合同大会 合同パネルディスカッション『社会性と利他的行動』プロシーディングス」『行動経済学』*5*, 103-117.
Samuel, L., Gaertner, S. L., Dovidio, J. F., Abastasio, P. A., Backman, B. A., & Rust, M. C. (1993) Chapter 1: The common ingroup identity model: Recategorization and the reduction of intergroup bias. *European Review of Social Psychology, 4*, 1-26.
Scheff, T. J. (1997) *Emotions, the social bond, and human reality: Part/whole analysis*. Cambridge: Cambridge University Press.
徐賢燮（2012）「韓国における日本文化の流入制限と開放」『長崎県立大学国際情報学部研究紀要』*13*, 241-253.
末田清子（2011）「第4章　文化に対する視点の多様化」末田清子・福田浩子（編）『コミュニケーション学：その展望と視点 増補版』(pp. 57-74) 松柏社.
末田清子（2012）『多面的アイデンティティとフェイス（面子）』ナカニシヤ出版.
Sueda, K. (2014) *Negotiating multiple identities: Shame and pride among Japanese returnees* (pp. 142-152). Singapore: Springer.
Tajfel, H., & Turner, J. C. (1979) An integrative theory of intergroup conflicts. In W. G. Austin & S. Worchel (Eds.), *The social psychology of intergroup relations*, (pp. 263-276). New York: Peter Lang.
田澤耕（2011）『ガウディ伝：「時代の意志」を読む』中公新書.
Turner, J. C. (1981) The experimental social psychology of intergroup behavior. In J. C. Turner & H. Giles (Eds.), *Intergroup behavior* (pp. 66-101). Oxford: Basil Blackwell.
Voci, A. (2019) Decategorization. In J. M. Levine & M. A. Hogg (Eds.), *Encyclopedia of group processes & intergroup Relations*. doi: http://dx.doi.org/10.4135/9781412972017.n57
Weblio (2019) https://www.weblio.jp/content/「なんちゃって制服」(2019年3月6日取得).
鑓水兼貴（2014）「「首都圏の言語」をめぐる概念と用語に関して」『国立国語研究所論集』*8*, 197-222. http://doi.org/10.15084/00000549

4　コミュニケーション調整

朝日新聞（2018年4月1日）「『イヤイライケレ』アイヌ語で車内放送　道南バス一部路線できょうから」(朝刊，北海道版21面).
朝日新聞（2019年4月6日）「増える外国人　手探りの教育」(朝刊29面).
Bourhis, R. Y. (1984) Cross-cultural communication in Montreal: Two field studies since Bill 101. *International Journal of Sociology of Language, 46*, 33-47.

Bourhis, R. Y., Sioufi, R., & Sachdev, I. (2012) Ethnolinguistic interaction and multilingual communication. In H. Giles (Ed.), *The handbook of intergroup communication* (pp. 100–115), New York: Routledge.

Collins dictionary https://www.collinsdictionary.com/dictionary/english/patronizing (Retrieved April 6, 2019).

Curtin, M. L. (2016) Language and identity in the United States and Taiwan: Negotiating power and differential belonging in a globalized world. In K. Sorrells & S. Sekimoto (Eds.), *Globalizing intercultural communication: A reader* (pp. 104–114), Thousand Oaks, CA: Sage.

『デジタル大辞林』(2019) https://japanknowledge-com.hawking1.agulin.aoyama.ac.jp/lib/display/?lid=2001021431400 (2019年4月4日取得).

Dragojevic, M., Gasiorek, J., & Giles, H. (2016) Accommodative strategies as core of the theory. In H. Giles (Ed.), *Communication accommodation theory: Negotiating personal relationships and social identities across contexts* (pp. 36–59), Cambridge: Cambridge University Press.

Gasiorek, J. (2016) The "Dark side" of CAT: Nonaccommodation. In H. Giles (Ed.), *Communication accommodation theory: Negotiating personal relationships and social identities across contexts* (pp. 85–104), Cambridge: Cambridge University Press.

Gasiorek, J. (2016) Theoretical perspectives on interpersonal adjustments. In H. Giles (Ed.), *Communication accommodation theory: Negotiating personal relationships and social identities across contexts,* (pp. 13–35), Cambridge: Cambridge University Press.

『現代用語の基礎知識2019』(自由国民社 2019)「ステレオタイプ」https://japanknowledge-com.hawking1.agulin.aoyama.ac.jp/lib/display/?lid=50020050100440 (2019年4月7日取得).

Giles, H. (2009) Accommodation theory. In S. W. Littlejohn & K. A. Foss (Eds.), *Encyclopedia of communication theory* (pp. 1–4), Los Angeles: Sage.

Giles, H. (2016) The social origin of CAT. In H. Giles (Ed.), *Communication accommodation theory: Negotiating personal relationships and social identities across contexts* (pp. 1–12), Cambridge: Cambridge University Press.

Giles, H., Bourhis, R. Y., & Taylor, D. (1977) Towards a theory of language in ethnic group relations. In H. Giles (Ed.), *Language, ethnicity and intergroup relations* (pp. 307–348), London: Academic Press.

Giles, H. & Ogay, T. (2007) Communication accommodation theory. In B. B. Whaley & W. Samter (Eds.), *Explaining communication: Contemporary theories and exemplars* (pp. 293–310), Mahwah, NJ: Lawrence Erlbaum Associates.

林千賀 (2002)「日本語学習者の「不満」: アコモデーション理論の観点から」『青山国際コミュニケーション研究』*6*, 5–28.(青山学院大学大学院国際政治経済学研究科国際コミュニケーション学会.)

本名信行（2010年2月）「アイヌ語」『情報・知識 imidas 2018』（集英社）. https://japanknowledge-com.hawking1.agulin.aoyama.ac.jp/lib/display/?lid=50010L-105-0055（2019年4月7日取得）.

岩本廣美（2006）「日本におけるブラジル人学校の展開と児童・生徒の就学状況 ：群馬県邑楽郡大泉町の事例を中心に」『新地理（日本地理教育学会）』 *54*(3), 33-50.

国際交流基金（2020）『海外の日本語教育の現状　2018年度日本語教育機関調査より』 https://www.jpf.go.jp/j/project/japanese/survey/result/dl/survey2018/all.pdf（2021年5月31日取得）.

栗林克匡（2010）「社会心理学におけるコミュニケーション・アコモデーション理論の応用」『北星論集（社）』*47*, 11-21.

宮原温子（2013）「コードスイッチングのアコモデーション理論による一考察」『目白大学人文学研究』*9*, 165-177.

村田沙耶香（2018）『コンビニ人間』文春文庫.

オストハイダ，テーヤ（2001）「言語外的条件による過剰適応：コミュニケーション行動の言語社会心理学」『待兼山論叢 日本学篇』*35*, 35-50.

Ryan, E. B., Meredith, S. D., MacLean, M. J., & Orange, J. B.（1995）Changing the talk with elders: Promoting health using the communication enhancement model. *International Journal of Aging and Human Development, 41*(2), 69-107.

末田清子（2011）「第11章　非言語コミュニケーション（2）非言語音声メッセージ」末田清子・福田浩子（編）『コミュニケーション学　その展望と視点：増補版』（pp. 149-156）松柏社.

末田清子・勝又恵理子（2018）「YA' AT' EEH! An Intensive Workshop on Navajo（Diné）Culture & Communication に参加して」*Aoyama Journal of International Studies, 6*, 177-184.

鈴木一代（2007）『海外フィールドワークによる日系国際児の文化的アイデンティティ形成』ブレーン出版.

筒井千絵（2008）「フォリナー・トークの実際：非母語話者との接触度による言語調整ストラテジーの相違」『一橋大学留学生センター紀要』*11*, 79-95.

上野萌子・田村啓子・内山伊知郎（2015）「認知症高齢者による日常生活自立度と攻撃行動の関連」『応用心理学研究』 *41*(2), 167-174.

柳田直美（2010）「非母語話者との接触場面において母語話者の情報やり方略に接触経験が及ぼす影響：母語話者への日本語教育支援を目指して」『日本語教育』*145*, 13-24.

八島智子・久保田真弓（2012）『異文化コミュニケーション』松柏社.

吉野耕作（1997）『文化ナショナリズムの社会学：現代日本のアイデンティティの行方』名古屋大学出版会.

銭坪玲子（2013）「現代日本社会の多文化共生化と言語調整」『長崎ウエスレヤン大学地域総合研究所紀要』*11*, 11-20.

5　フェイスとは何か？

Arundale, R. B. (2006) Face as relational and interactional: A communication framework for research on face, facework, and politeness. *Journal of Politeness Research, 2*, 193-216.

Arundale, R. B. (2010) Constituting face in conversation: Face, facework, and interactional achievement. *Journal of Pragmatics, 42*, 2078-2105.

Arundale, R. B. (2013) Face as a research focus in interpersonal pragmatics: Relational and emic perspectives. *Journal of Pragmatics, 58*, 108-120.

朝日新聞（1989年3月16日）「しっかりしてます大学生、卒業海外旅行でブランド品買いだめ」『聞蔵Ⅱビジュアル』http://database.asahi.com.hawking1.agulin.aoyama.ac.jp/library2/main/top.php（2021年6月5日取得）.

朝日新聞『聞蔵Ⅱビジュアル』DNA for Library（database.asahi.com.hawking1.agulin.aoyama.ac.jp/library2/main/top.php）（2019年9月8日取得）.

Barnlund, D. C., & Araki, S. (1985) Intercultural encounters: The management of compliments by Japanese and Americans. *Journal of Cross-Cultural Psychology, 16*, 9-26.

Bond, M. H. & Hwang, K. (1986) The social psychology of Chinese people. In M. H. Bond (Ed.), *The psychology of the Chinese people* (pp. 213-266), London: Oxford University Press.

Bond, M. H. & Hwang, K. (1996) *The handbook of Chinese psychology*. Hong Kong: Oxford University Press.

Brown, P. (1990) Gender, politeness and confrontation in Tenejapa. In D. Tannen (Ed.), *Special issue of Discourse Processes*, 123-141.

Brown, P. & Levinson, S. (1978) Universals in language usage: Politeness phenomena. In E. N. Goody (Ed.), *Questions and politeness: Strategies in social interaction* (pp. 56-289), New York: Cambridge University Press.

Cupach, W. R. & Imahori, T. T. (1993) Identity management theory: Communication competence in intercultural episodes and relationsihps. In R. L. Wiseman & J. Koester (Eds.), *Intercultural competence* (pp. 112-131), Newbury, CA: Sage.

土井隆義（2014）『つながりを煽られる子どもたち：ネット依存といじめ問題を考える』岩波ブックレット.

『英和大辞典第6版』（研究社 2002.）

古家聡・櫻井千佳子（2014）「英語に関する大学生の意識調査と英語コミュニケーション能力育成についての一考察」『武蔵野大学教養教育リサーチセンター紀要』*4*, 29-50.

Goffman, E. (1959) *The presentation of self in everyday life*. Garden City, NY: Doubleday.

Goffman, E. (1967) *Interaction ritual: Essays on face-to-face behavior*. Chicago: Aldine.

Hall, E. T., & Hall, M. R. (1990) *Understanding cultural differences*. Yarmouth, ME:

Intercultural Press.
Halliday, M. A. K. (1978) *Language as social semiotic: The social interpretation of language and meaning*. London: The Open University.
橋元良明と異文化コミュニケーション研究会91'(1992)「婉曲コミュニケーション方略の異文化間比較：９言語比較調査」『東京大学社会情報研究所　調査研究紀要』*1*, 107-159.
樋口美雄（2018）「日本の労働市場の変質と非正規雇用の増加 ：同一労働同一賃金をめぐって」『日本労働研究雑誌 2017年度労働政策研究会議報告』*691*, 39-49.
Hofstede, G. H. (2003) *Culture's consequences: Comparing values, behaviors, institutions, and organizations across nations* (2nd ed.). Thousand Oaks, CA: Sage.
Hofstede Insights (2021) Compare countries. https://www.Hofstede-insights.com/product/compare-countries/ (Retrieved April, 18. 2021).
Hwang, K. K. (2000) Chinese relationalism: Theoretical construction and methodological considerations. *Journal for the Theory of Social Behavior, 30*, 155-178.
Hwang, K. K. (2006) Moral face and social face: Contingent self-esteem in Confucian society. *International Journal of Psychology, 41*(4), 276-281.
Hwang, K. K. (2011) Face dynamism in Confucian society. *China Media Research, 7*(4), 13-24.
『イミダス』（集英社 2018）JapanKnowledge.「爆買い」https://japanknowledge-com.hawking1.agulin.aoyama.ac.jp/lib/display/?lid=50010A-102-0243（2019年9月10日取得）.
JapanKnowledge Lib (2019)「蜥蜴の尻尾切り」https://japanknowledge-com.hawking1.agulin.aoyama.ac.jp/lib/display/?lid=200203012476bn4Akh42 (2019年9月8日取得).
JapanKnowledge Lib. (2019) Emic. https://japanknowledge-com.hawking1.agulin.aoyama.ac.jp/lib/display/?lid=2001000713450（2019年9月8日取得).
Jia, W. (2001) *The remaking of the Chinese character and identity in the 21st century*. Westport, CT: Ablex.
河井健（2019年8月29日）「つらい気持ちの君三鷹市立図書館おいで」『朝日新聞』（朝刊25面）.
Kilmann, R. H., & Thomas, K. W. (1977) Developing a forced-choice measure of conflict-handling behavior: The "MODE" instrument. *Educational and Psychological Measurement, 37*, 309-325.
金利京（2017）「大学生の「断り方」に見られる日本人と韓国人の面子の比較研究」青山学院大学修士論文.
北山忍（1994）「文化的自己観と心理的プロセス」『社会心理学研究』*10*, 153-167.
Kitayama, S. & Markus, H. R. (1995) The culture and self: Implications for internationalizing psychology. In N. R. Goldberger & J. B. Veroff (Eds.), *The culture and psychology: A reader* (pp. 366-383), New York: NYU Press.
李玲（2017）『中国人消費者の行動分析：「面子」、原産国イメージとグローバル・ブ

ランド消費』文眞堂.

Lim, T. & Bowers, J. W.（1991）Facework: Solidarity, approbation, and tact. *Human Communication Research, 17*, 415-450.

増田隆佑（2016）「高等学校の教師が避けるべきFTA」青山学院大学国際政治経済学研究科国際コミュニケーション専攻修士論文.

Matsuura, H.（2004）Compliment-giving behavior in American English and Japanese. *JALT Journal, 26*(2), 147-170.

Mey, J. L.（1993）*Pragmatics: An introduction*. Oxford: Blackwell.〔ヤコブ・メイ／澤田治美・高司正夫（訳）（1996）『ことばは世界とどう関わるか：語用論入門』ひつじ書房.〕

村田泰美（2013）「第9章　ポライトネス」岩田祐子・重光由加・村田泰美『概説：社会言語学』（pp. 131-142）ひつじ書房.

中根千枝（1967）『タテ社会の人間関係』講談社現代新書.

中里京子（2001）「日本人とスウェーデン人のコンフリクト・マネジメント・スタイルに関する事例研究：フェイスの視点から」青山学院大学国際政治経済学研究科国際コミュニケーション専攻特定課題論文.

パラマウントジャパン（2000）"Meet the parents"

『ランダムハウス英和大辞典』（小学館 2019）https://japanknowledge-com.hawking1.agulin.aoyama.ac.jp/lib/display/?lid=40010RH061016000（2019年8月14日取得）.

Richins, M. L.（1994）Valuing things: Public and private meanings of possessions. *Journal of Consumer Research, 21*, 504-521.

Sage（2010）Sage Research Methods video script. Communication or Frustration: Men & Women in Dialogue. doi: https://dx.doi.org/10.4135/9781526457714

笹川洋子（2016）『日本語のポライトネス再考』春風社.

総務省（2019年5月31日）『平成30年通信利用動向調査の結果』www.soumu.go.jp/johotsusintokei/statistics/data/190531_1.pdf.（2019年9月9日取得）.

Sorrells, K. S.（2015）Essentialism. In J. M. Bennett（Ed.）, *The Sage encyclopedia of intercultural competence, 1*（pp. 297-299）. Thousand Oaks, CA: Sage.

Spencer-Oatey, H., & Wang, J.（2019）Culture, context, and concerns about face: Synergistic Insights from Pragmatics and Social Psychology. *Journal of Language and Social Psychology, 38*, 423-440. https://doi.org/10.1177% 2F0261927X19865293

末田清子（1993）「中国人が持つ面子の概念と日本人とのコミュニケーション」『年報社会学論集』*6*, 191-202.

Sueda, K.（1995）Differences in the perception of face: Chinese *mien-tzu* and Japanese *mentsu*. *World Communication, 24*, 23-31.

末田清子（2011）「第9章　コミュニケーションの場と背景：コンテクスト」末田清子・福田浩子（編）『コミュニケーション学：その展望と視点 増補版』（pp. 125-138）松柏社.

末田清子（2012）『多面的アイデンティティの調整とフェイス（面子）』ナカニシヤ出版.

Sueda, K. (2014) *Negotiating multiple identities: Shame and pride among Japanese returnees.* Singapore: Springer.

Sueda, K. (2018) Japanese women managers' employee-oriented communication styles: An analysis using constructivist grounded theory. *International Journal of Business Communication.* doi: 10.1177/2329488418803659

末田清子・井上美砂 (2017)「女性管理職者のコミュニケーション・スタイルに関する研究 (1): 外資系 IT 企業における調査結果から」『ヒューマン・コミュニケーション研究』*45*(2), 129–150.

Sueda, K. & Wei, Y. (2016) Face (mianzi) among the new generation Chinese youth in Japan. In W. Jia (Ed.), *Intercultural communication for an inclusive global order* (pp. 197–210), San Diego, CA: Cognella.

Sueda, K. & Wiseman, R. L. (1992) Embarrassment remediation in Japan and the United States. *International Journal of Intercultural Relations, 16*, 159–173.

鈴木有香 (八代京子監修) (2004)『交渉とメディエーション』三修社.

Takeda, R. (2016) Face and Language Learning (フェイスと外国語学習). *Educational Studies* (International Christian University), *58*, 121–127.

Tannen, D. (1990) *You just don't understand: Women and men in conversation.* New York: Harper Collins.

Tannen, D. (1994) *Talking from 9 to 5 : Women and men in the workplace — Language, sex and power.* New York: Avon Books.

Tao, L. (2017) Face perception in Chinese and Japanese. *Intercultural Communication Studies, 26*(1), 151–167.

Tao, L. (2019) A study of evaluating concept of communicative behavior concerning "face." *Studies of Language and Culture* (*Kanazawa University, Departmental Bulletin*), *23*, 23–42.

Tao, X. (1997) *Zhongguoren de mianzi* [*Chinese people's face*]. Beijing, the PRC: Guoji Wenhua Chuban Gongsi. (Translated into Japanese by S. Ide.)

Ting-Toomey, S. (1988) Intercultural conflict styles. In Y. Y. Kim & W. B. Gudykunst (Eds.), *Theories in intercultural communication* (pp. 213–235) Newbury Park, CA: Sage.

Ting-Toomey, S. (1994) *Face and facework: Cross-cultural and interpersonal issues.* Albany, NY: State University of New York Press.

Ting-Toomey, S. (2015) Facework/facework negotiation theory. In J. M. Bennett (Ed.), *The sage encyclopedia of intercultural competence,* Vol. 1 (pp. 325–330), Thousand Oaks, CA: Sage.

Ting-Toomey, S. (2017) Facework and face negotiation theory. In Y. Y. Kim (Ed.), *The international encyclopedia of intercultural communication.* New Jersey: John Wiley. Online. doi: 10.1002/9781118783665.ieicc0105

Ting-Toomey, S., & Oetzel, J. (2007) Intercultural conflict: A culture-based situational model. In P. J. Cooper, C. Calloway-Thomas, & C. J. Simonds (Eds.), *Intercultural*

communication: A text with readings (pp. 121-131), Boston: Pearson Education.
Ting-Toomey, S. & Takai, J. (2006) Explaining intercultural conflict: Promising approaches and directions. In J. G. Oetzel & S. Ting-Toomey (Eds.), *The SAGE handbook of conflict communication: Integrating theory, research, and practice* (pp. 691-723), Thousand Oaks, CA: Sage.
王萌（2013）『日本人と中国人の不同意表明：ポライトネスの観点から』花書院.
薮内昭男（2015）『ポライトネスとフェイス研究の諸相：大きな物語を求めて』リーベル出版.
山下知子（2019年8月19日）「『ゆるい』カフェ構内に居場所」『朝日新聞』（朝刊1面）.
矢野武（2019）「リーマン・ショック」https://japanknowledge-com.hawking1.agulin.aoyama.ac.jp/lib/display/?lid=1001050307694（2019年3月12日取得）.
横溝環（2009）『フェイス相互作用論：留学生間の相互作用からとらえたフェイスワーク』青山学院大学国際政治経済学研究科提出博士論文.
横溝環（2012）『フェイス相互作用理論：日本語学習クラスにおける相互作用からフェイスワークをとらえる』春風社.
読売新聞データベース『ヨミダス歴史館』(https://database-yomiuri-co-jp.hawking1.agulin.aoyama.ac.jp/rekishikan/)（2019年9月8日取得）.

6　コンフリクトの背後に何があるか？

荒川明美・向後千春（2012）「問題解決スキルとコミュニケーションスキルにおける接客業のベテランと新人の違い」『日本教育心理学会第54回総会発表抄録』p. 578.
朝日新聞（2014年10月21日）（朝刊18面）「オウム死刑囚獄中での句作」.
朝日新聞（2018年7月10日）（朝刊38面）「「まじめなのに、なぜ」答え探る」.
朝日新聞（2019年12月30日）「「助けて」素直に言えなかった目黒虐待死、母親・優里被告が語る」『聞蔵Ⅱビジュアル』database.asahi.com.hawking1.agulin.aoyama.ac.jp/library2/main/top.php（2020年2月22日取得）.
朝日新聞（2020年2月28日）「（とどかぬ心　野田小４死亡）しつけ「間違いと思った」証人尋問」（29面）『聞蔵Ⅱビジュアル』database.asahi.com.hawking1.agulin.aoyama.ac.jp/library2/main/top.php（2020年2月22日取得）.
Cupach, W. R., Canary, D. J., & Spitzberg, B. H. (2010) *Competence in interpersonal conflict* (2nd ed.), Long Grove, IL: Waveland Press.
『現代用語の基礎知識』（自由国民社 2019）（Japan Knowledge Lib.「オウム真理教」https://japanknowledge-com.hawking1.agulin.aoyama.ac.jp/lib/display/?lid=50020080800220）（2020年2月22日取得）.
Goffman, E. (1959) *The presentation of self in everyday life*. Garden City, NY: Doubleday.
石井敏（1991）「87　言語能力の他に何が必要か：コミュニケーション能力」古田暁（監修）『異文化コミュニケーションキーワード』（pp. 188-189）有斐閣.
JapanKnowledge Lib. (2020)「弁当　」https://japanknowledge-com.hawking1.agulin.aoyama.ac.jp/lib/display/?lid=102006891500（2020年6月6日取得）.

Kilmann, R. H. & Thomas, K. W. (1977) Developing a forced-choice measure of conflict-handling behavior: The "MODE" instrument. *Educational and Psychological Measurement, 37*, 309-325.

増田直美（2001）「『尊敬』に関わるタンザニア人のコミュニケーション行動：フェイスおよびShame & Prideの視点から」『青山国際コミュニケーション研究』*5*, 25-42.

NACA (n. d.) https://www.nacaschool.org. (Retrieved July 10, 2021).

Nathanson, D. L. (1992) *Shame and pride: Affect, sex, and the birth of the self.* New York: W. W. Norton.

西田公昭（1995）「ビリーフの形成と変化の機制についての研究（4）：カルト・マインド・コントロールにみるビリーフ・システムの強化・維持の分析」『社会心理学研究』*11*(1), 18-29.

西田公昭（2001）「オウム真理教の犯罪行動についての社会心理学的分析」『社会心理学研究』*16*(3), 170-183.

西田公昭・黒田文月（2004）「破壊的カルトでの生活が脱会後のメンバーの心理的問題に及ぼす影響」『心理学研究』*75*(1), 9-15.

Scheff, T. J. (1990) *Microsociology: Discourse, emotion, and social structure.* Chicago: The University of Chicago Press.

Scheff, T. J. (1994) *Bloody revenge: Emotions, nationalism, and war.* Boulder, CO: Westview Press.

Scheff, T. J. (1997) *Emotions, the social bond, and human reality: Part/whole analysis.* Cambridge: Cambridge University Press.

小学館（2021）JapanKnowledge Lib.『故事ことわざ大辞典』https://japanknowledge-com.hawking1.agulin.aoyama.ac.jp/lib/display/?lid=2035SKT1848700（2021年6月6日取得）.

週刊アエラ（2019年3月25日）「「死刑」で終わりにしない　オウム幹部の元死刑囚の手記に被害者遺族が異例の寄稿」(p. 66).

末田清子（2012）『多面的アイデンティティの調整とフェイス（面子）』ナカニシヤ出版.

Sueda, K. (2014) *Negotiating multiple identities: Shame and pride among Japanese returnees.* Singapore: Springer.

Sueda, K. (2019) Shame as a health resource for the repatriation training of Japanese returnees (*kikokushijo*) in Japan. In Vanderheiden, E. & Mayer, C. H. (Eds.), *The bright side of shame* (pp, 51-66), Springer.

末田清子・勝又恵理子（2019）「YA' AH T' EEH! An intensive workshop on Navajo (Diné) culture & communication に参加して」『青山学院大学国際研究センター紀要』*Aoyama Journal of International Studies, 16*, 177-184.

Sueda, K. & Wiseman, R. L. (1992) Embarrassment remediation in Japan and the United States. *International Journal of Intercultural Relations, 16*, 159-173.

鈴木有香（八代京子監修）（2004）『交渉とメディエーション』三修社.

Ting-Toomey, S. (1994) Managing intercultural conflicts effectively. In L. Samovar & R. Porter (Eds.), *Intercultural communication: A readers* (7th ed.) (pp. 360–371), Belmont, CA: Wadsworth.

Ting-Toomey, S. (2015) Managing intercultural conflicts effectively. In L. Samovar & R. Porter (Eds.), *Intercultural communication: A readers* (14th ed.) (pp. 355–367), Boston: Cengage Learning.

塚田穂高 (2019)「オウム死刑囚13人の刑執行」『現代用語の基礎知識』Japan Knowledge Lib. http://japanknowledgecom.hawking1.agulin.aoyama.ac.jp/lib/display/?lid=50020150000170 (2020年5月17日取得).

ワーナーホームビデオ (2002) "My big fat Greek wedding"

読売中高生新聞 (2016年9月2日)「講義の鉄人」コミュニケーション能力っていったい何？　青山学院大学：講義の鉄人：動画：読売新聞オンライン (yomiuri.co.jp) https://www.yomiuri.co.jp/stream/article/04828/ (2021年3月23日取得).

著者紹介

末田清子（すえだ きよこ）

東京生まれ。立教大学社会学科卒業。カンザス大学大学院社会学科修士号（MA）、カリフォルニア州立大学フラトン校スピーチ・コミュニケーション学科修士号（MA）、英国ランカスター大学応用社会学科博士号（Ph.D.）を取得。北星学園大学助教授を経て、現在青山学院大学国際政治経済学部国際コミュニケーション学科教授。主な著書として、『コミュニケーション学：その展望と視点　増補版』（2011, 共著）、『コミュニケーション研究法』（2011, 共編著）、『多面的アイデンティティの調整とフェイス（面子）』（2012, 単著）、*Negotiating multiple identities: Shame and pride among Japanese returnees*（2014, 単著）などがある。異文化コミュニケーション学会、日本コミュニケーション学会、異文化間教育学会会員。

新曜社

ワードマップ
コミュニケーション・スタディーズ
アイデンティティとフェイスからみた景色

初版第1刷発行　2021年10月10日

著　者　末田清子

発行者　塩浦　暲

発行所　株式会社　新曜社
101-0051　東京都千代田区神田神保町 3-9
電話（03）3264-4973（代）・FAX（03）3239-2958
E-mail : info@shin-yo-sha.co.jp
URL : https://www.shin-yo-sha.co.jp/

印　刷　星野精版印刷
製本所　積信堂

ISBN978-4-7885-1742-4　C1036